신앙의 승리를 위한 10가지 비밀

신앙생활 ABC

박광철 지음

:: 서문

여러 해 동안 성경을 가르치고 복음을 전하는 전도자와 목회자의 삶을 살면서, 늘 소리없이 마음을 누르는 한 가지 부담이 있었습니다.

'오랜 신앙 생활을 했지만 사람들이 변화 받지 못하는 이유는 무엇일까? 변화받았다고 말하던 사람들도 얼마 지나지 않아, 옛날의 모습으로 되돌아가는 까닭은 무엇일까?

물론 하나님의 말씀으로 삶이 송두리째 변화된 사람들도 적지 않습니다. 그런데 막상 신앙에 대한 가장 기본적인 것을 질문하면 시원하게 대답하는 사람이 적은 것을 보면서, 어떻게 해야 이들에게 신앙에 대한 체계적인 도움을 줄 수 있을까 고민하며 기도하였습니다.

LA 죠이 휄로십 교회를 개척했을 때, 과거에 어떤 신앙생활을 한 사람이든지 성경의 기초부터 새롭게 시작하는 것이 좋겠다는 생각을 했습니다. 그래서 '어떻게(How to) 시리즈' 라는 이름으로 설교를 준비하게 되었습니다.

대부분의 교인들은 일주일 동안 라디오와 TV, 인터넷의 예배를 통해서 훌륭한 설교자들의 설교를 '질리도록' (?) 많이 듣습니다. 그러다 보니 설교자들을 비교하게 되고, 소위 듣는 귀만 큰 '당나귀 귀' 가 되어 버린 것입니다. 그렇다면 건물의 기초와 같은 '성경의 기본' 에 대해서는 제대로 알고 있을까요?

현대는 화려한 설교와 흥미진진한 이야기에 귀를 기울이는 세대입니다. 성경을 성경대로 전하는 강단이 약해졌기 때문입니다. 또한 요즘은 하나님의 거룩하심과 인간의 죄, 예수 그리스도의 십자가, 회개와 믿음에 관한 말씀보다, 긍정적이며 적극적인 사고가 삶을 풍성히 하고 승리하게 한다고 가르치는 교회가 너무도 많습니다. 또 그런 교회에 많은 사람들이 모이고 인기가 높아지는 것입니다.

그러나 그것이 온전한 복음일까요?

하나님의 심판대 앞에 서는 날, 우리의 성공과 자존감, 세상에서의 업적은 아무 소용이 없습니다.

마치 고등 수학을 다루는 수학자도 구구단이라는 수학의 기초 위에서부터 연구가 가능하고, 유능한 학자도 영어의 'ABC'를 무시할 수 없는 것처럼, 신앙이 성숙한 이들도 믿음의 기초를 벗어나면 안 됩니다.

이 책의 내용은 교회 생활을 금방 시작한 초신자들이나 믿음의 기초를 새롭게 다지기 원하는 이들, 성경을 가르치는 교사들이 익혀 두면 유익할 것입니다. 내용에 어떤 순서가 있는 것이 아니기 때문에 교회 나름대로 계획을 세워 진행을 해도 좋습니다.

이 책을 통해 많은 성도들이 놀라운 구원의 확신과, 승리하는 그리스도인의 삶을 살게 되기를 기도합니다.

- LA에서 주의 일꾼, 박광철 목사 드림.

승리하는 신앙생활의
10가지 노하우!

CoNtEnTs

1. 어떻게 **믿을**까?
2. 어떻게 **성경**을 읽을까?
3. 어떻게 **기도**할까?
4. 어떻게 **예배**할까?
5. 어떻게 **전도**할까?
6. 어떻게 **헌금**할까?
7. 어떻게 **봉사**할까?
8. 어떻게 **유혹**을 이길까?
9. 어떻게 **고난**을 **극복**할까?
10. 어떻게 **하나님의 인도**를 받을까? 245

신앙생활ABC

어떻게 믿을까?

십자가에 달리신 예수님께서
구원에 필요한 모든 것을 충족했다는 의미로,
"다 이루었다!"라고 말씀하셨습니다.
우리가 구원받기 위해 할 수 있는 일은
하나님께서 이미 다 이루셨습니다

이제 우리가 해야 할 것은
단 한가지, 믿음뿐입니다.

| **믿음** · 성경 · 기도 · 예배 · 전도 · 헌금 · 봉사 · 유혹 · 고난 · 인도하심 |

요한복음 5장 24절
"내가 진실로 진실로 너희에게 이르노니 내 말을 듣고
또 나 보내신 이를 믿는 자는 영생을 얻었고 심판에 이르지
아니하나니 사망에서 생명으로 옮겼느니라."

우리 주변에는

아름답게 사는 사람들이 많습니다. 그중에는 예수님을 믿는 것이 참 아름다워 보이는 사람이 있습니다. 교회생활뿐 아니라 가정에서도 하나님을 사랑하는 모습이 향기로 드러나는 사람들을 발견하게 됩니다. "나도 저 사람처럼 믿었으면 좋겠다", "저렇게 신앙생활을 해야 하는데…!" 그 사람들을 보면, 이런 마음이 생깁니다.
교회에도 종종 나가고 하나님을 믿기는 하지만, 기왕 믿을 바에야 한번 제대로 믿어야지 하고 생각하는 사람들이 있습니다. 그런 생각을 가지고 신앙생활을 하는데도 자꾸 실패합니다. 잘 안 됩니다.
"왜 나는 잘 안 될까?"

바로 가장 기본적이고 중요한 것을 배우지 않았기 때문에 그렇습니다.

저는 스케이트를 좋아합니다. 겨울만 되면 제자들과 함께, 스케이트를 어깨에 메고 논두렁이나 실내 스케이트장을 자주 찾습니다. 제가 굉장히 빨리 달리는 편인데도, 한번도 제대로 스케이트를 배운 적이 없어서 그런지, 보는 사람마다 이렇게 말합니다.

"목사님, 똥폼이에요."

그런데 학생들 중에서 제대로 배운 사람은 타는 모습도 멋집니다. 특히, 커브를 돌 때 그 실력이 드러납니다. 놀림 받는 제 모습이 웃겨서 빨리 가려고 하면, 발이 엉켜서 넘어지곤 했습니다.

"아, 이거 기본기를 제대로 못 배워서 그렇구나."

신앙생활이 그렇습니다. 교회에 왔다갔다 하면서 어깨너머로 배우는 게 얼마나 많은지 모릅니다. 찬송가도 몇 번 들으면, 쉬우니까 곧 배우게 됩니다. 예배드리는 것도 눈치 빠른 사람은 금방 따라 합니다. 교회생활에 곧 익숙해집니다. 그렇게 한참 교회에 다니다 보면 직분을 받습니다. 한창 신앙생활을 잘하는가 싶다가도 위기나 어려움, 또는 의심이 막 밀려올 때는 어찌할 바를 모릅니다. 그런 사람이 우리 주변에 참 많습니다. 우리가 볼 때는 상당히 믿음 좋은 사람 같지만 어느 날 보니, 거짓말에다 사기까지 갖가지 범죄를 저지르고 사라지는 경우도 있습니다. 믿음이 좋아 보였던 사람도 하루아침에 무너지는 것을 볼 수 있습니다. 왜 그럴까요?

과연 누가 그리스도인입니까? 요즘 기독교인이라고 말하면 오해하는 경우가 많습니다. 특히 유럽의 여러 나라와 미국에서는 상당히 많은 사람이 기독교인이라고 자처합니다. 독일과 영국, 프랑스, 네덜란드 같은 나라에 가면 만나는 사람 대부분이 기독교인이라고 말합니다. 그러나 교회에는 가지 않습니다. 일년에 부활절이나 성탄절에 한번 나갈까 말까 하는 정도입니다. 독일의 경우, 80% 이상이 기독교인이라고 하지만 실제 출석 교인은 5%도 안됩니다. 그런데 왜 그 사람들은 스스로를 기독교인이라고 말할까요?

그들은 기독교 가정에서 태어나서, 유아기에 유아세례를 받고 성장해 가지만 교회를 다니지 않습니다. 그러나 결혼식은 신부나 목사가 주례해야 합법적이고 공신력이 있기 때문에 교회나 성당에서 하게 됩니다. 그리고 장례식은 거의 100% 기독교식으로 합니다. 또한 독일에서는 '종교세'라는 세금까지 냅니다. 이런 전반적인 면들이 그들을 기독교인이라고 생각하게 만들 수도 있지만, 진정 그들이 그리스도인일까요?

성경에서 그리스도인이라는 단어는 신약성경에서만 세 번 나옵니다. 이것은 굉장히 중요한 의미를 갖고 있습니다. 식사 때마다 하는 기도, 주기도문, 사도신경을 잘한다고 해서, 성경에서 말하는 구원받은 그리스도인이 아닐 수도 있습니다. 기독교에 대해서 많이 알고 성경에 대해 많이 들었을지라도, 성경이 말하는 하나님을 아는 것과, 예수 그리스도에 대한 깨달음과 진정한 거듭남이 없으면 아직 그리스도인이 아닌 것입니다. 사람들 중에는 하나님의 세상을 향한 사랑과 창조, 예수님의 부활에 대해서는 어렴풋이 동의하면서도, 예수님이 자기 자신 때문에 십자가에서 죽으시고 부활하신 사실에는 갸우뚱합니다. "아직 찾고 있습니다." "아직도 의심이 많기 때문에 요즘에 노력하고 있습니다." 이렇게 말하는 분들을 종종 만나게 됩니다.

"이는 혈통으로나 육정으로나 사람의 뜻으로 나지 아니하고 오직 하나님께로서 난 자들이니라" (요 1:13).

이 말씀은 무슨 뜻일까요?

혈통이라면 핏줄을 말하는데, 기독교 가문의 혈통을 따라 태어났다고 해도 그것이 구원을 얻는 것과는 별개임을 의미합니다. 삼 사 대째 기독교 신앙을 가진 집안이라도 그것이 자신을 하나님의 자녀로 만들 수 없다는 말입니다.

그럼 어떻게 해야 되는 걸까요? 그것은 바로 하나님께로부터 다시 태어나는 것입니다.

한때 가짜 대학생 사건이 신문에 크게 보도된 적이 있습니다. 대학입시에 자꾸 실패하던 어떤 청년이 유명 대학교 뱃지를 사서 달았습니다. 그 신문의 기사를 보면 4년간 어느 대학교를 다니면서 공부를 하고 학생회 활동도 했다고 합니다. 그런데 모든 것이 가짜라는 사실이 후에 들통이 났습니다. 졸업식장에 그 청년이 안 보여서 찾았더니 그 학교 학생 명단에 없었습니다. 대학교를 너무나 다니고 싶었던 청년은 학교 뱃지를 달고, 학생들과 어울려 공부했던 것입니다.

교회에도 그런 사람이 있습니다. 그 학생은 자신이 대학생이 아닌 것을 알고 다녔지만, 어떤 사람은 스스로 그리스도인이라고 생각하지만 실상은 아닌 경우가 있습니다. "나는 하나님의 자녀야"라고 생각하지만 실제로는 아닐 수 있습니다. 그 가짜 대학생은 공부를 열심히 해서 대학교에 다시 들어 갈 수도 있습니다. 그러나 진정한 그리스도인이 아닌데, 그리스도인이라고 생각하며 평생을 살다가 하나님의 심판대 앞에 서게 되면 어떻겠습니까? 주님께서, "너는 아니다!"라고 말씀하시면 그때는 돌이킬 수가 없습니다.

저는 대학시절까지, 8-9년 정도 교회에 출석했습니다. 친구를 따라 교회에 다니는 것이 재미있었고, 성가대에서 베이스 파트를 하기도 했습니다. 성경도 잘 모르면서 잠시 주일학교 교사도 했습니다. 몇 년 후, 변화를 받고 참 많은 눈물을 흘렸습니다. 제가 속았기 때문입니다. 목사님께 속았기 때문이 아니라, 다른 친구들에게 속았기 때문이 아니라, 제 자신 때문이었습니다.

성경에 니고데모라는 유명한 유대인이 나옵니다. 니고데모는 유대인의 관원으로서, 지금으로 말하면 신학대학 교수쯤 되는 사람입니다. 도덕적이고 종교적인 사람이며, 사회적으로 지위가 높았습니다. 요한복음 3장을 보면 니고데모가 예수님을 찾아옵니다. 그는 예수님은 쉽게 지나쳐 버릴 수 없는 사람이고, 하나님께서 보내셨을 거라 생각했습니다. 그때 예수님께서 니고데모에게 이렇게 말씀하십니다. "거듭나지 않으면 천국에 들어가지 못한다."

새찬송가 535장에 이런 가사가 있습니다.
"주 예수 대문 밖에 기다려 섰으나 단단히 잠가 두니 못 들어오시네. 내 주를 믿노라고 그 이름 부르나 문 밖에 세워 두니 한없는 수치라."

예수님께서 마음 문을 두드리시는데, 그 음성을 듣고도 "예, 알았습니다… 예, 알았습니다" 하면서 문을 열지 않는 사람이 교회 안팎에 너무나 많습니다. 하나님과의 이런 관계는 마치 두 남녀가 결혼하는 것과 비슷합니다. 한 남자가 사랑하는 여자에게 "당신을 사랑합니다. 결혼해 주시겠습니까?"라고 말할 때, 여자가 동의한다면 기뻐하면서 승낙할 것입니다. 이때부터 두 사람은 자신의 모든 것을 아낌없이 상대방에게 줍니다. 남편과 아내가 되어 평생을 살아갑니다. 그것은 새로운 언약 관계입니다. 그렇게 시간이 흘러 어느 날, "당신은 결혼했습니까?" 라는 질문을 받게 되었는데 만일, "그렇게 되기를 바랍니다" 라고 대답한다면 큰일인 것입니다.

또는 같은 질문에 "결혼한 것 같은데, 잘 안 되어서 노력 중에 있습니다"라고 대답한다면 이것도 큰일입니다. 이제 똑같이 질문하겠습니다.

"당신은 그리스도인입니까?", "아마 그런 것 같습니다.", "예? 그리스도인이냐구요!", "그리스도인이 되려고 애쓰고 있습니다."

아주 겸손한 말처럼 들립니까?

예수 그리스도를 받아들이면 그에게 생명이 들어옵니다. 죽은 자가 살아난 것입니다. 산 자에게 "살았습니까?"라고 물어보면, "네!"라고 대답합니다. 그런데 죽은 자는 대답이 없습니다. 죽지도 않고 살지도 않은 경우는 절대로 없습니다.

그렇다면 어떻게 해야 그리스도인이 됩니까?

그리스도인이 된다는 것은 하나님의 자녀가 된다는 것이요, 영생을 얻는다는 것이요, 구원을 받는다는 것입니다. 어떤 아이에게 "저 분이 너의 아버지시니?" 하고 물었더니, "예, 요즘 그분의 아들이 되려고 노력 중에 있습니다" 또는 "저는 그렇게 생각하는데 저 분은 제가 아들이 아니라고 하세요"라고 한다면, 너무 우스운 답변이 아닙니까?

"하나님을 믿으십니까?" "지금 하나님의 자녀가 되려고 노력 중에 있습니다." 이렇게 대답하는 것은 절대로 겸손한 것이 아니라, 자신이 하나님의 자녀가 아님을 의미합니다. 누구의 자녀가 되는 것은 노력이나 대가를 치르고 되는 것이 아닙니다. 그 가정에 태어나면 자녀가 되고, 가족이 되는 것입니다. 죽음이 와도 그것은 변하지 않습니다.

"사람이 거듭나지 아니하면 하나님 나라를 볼 수 없느니라" (요 3:3)

"사람이 물과 성령으로 나지 아니하면 하나님 나라에 들어갈 수가 없느니라" (요 3:5)

그러면 어떻게 거듭날 수 있을까요? 거듭난다는 것은 어떤 종교의식이나 행사, 또 여러 가지 종교 절차를 통해 태어나는 것이 아닙니다. 이것은 예수님을 통해서 하나님과 인격적인 만남이 있어야지만 가능합니다.

성경에서는 예수님께서 구세주가 되심을 마음에 진실로 믿고 영접하면, 하나님의 자녀가 된다고 쉽게 말씀해 놓았지만, 많은 사람이 믿지 않았습니다.

"영접하는 자 곧 그 이름을 믿는 자들에게는 하나님의 자녀가 되는 권세를 주셨으니" (요 1:12).

하나님의 자녀가 된다는 말씀은 하나님께서 하시는 일이 있고 우리가 해야 될 일이 있음을 알려줍니다.

"하나님이 세상을 이처럼 사랑하사 독생자를 주셨으니 이는 저를 믿는 자마다 멸망치 않고 영생을 얻게 하려 하심이니라"(요 3:16).

　이 말씀은 매우 중요하고 익히 아는 말씀입니다. 하나님은 우리를 사랑하시기 때문에 독생자 예수님을 이 땅에 보내셨고, 우리의 죄를 대신해서 십자가에 못 박혀 죽게 하셨습니다.

　예수님께서 십자가에서 죽으실 때, 구원의 모든 필요 조건을 예수님께서 모두 충족했다는 의미로 "다 이루었다!"고 말씀하셨습니다. 우리가 구원받기 위해 해야 할 일을 하나님께서 이미 다 이루셨습니다. 이제 우리가 해야 할 것은 단 한가지뿐입니다. 예수님은 그것을 "믿음"이라고 말씀하셨습니다. 예수님을 자신의 구세주로 믿기만 하면 멸망치 않고 영생을 얻는다고 하셨습니다.

　어느 부부가 오랫동안 자녀없이 지내다가 예쁜 딸을 입양하면 좋겠다고 생각합니다. 입양 절차를 다 마친 후에 아이를 집으로 데려오게 되자, 부모들은 아이가 지낼 수 있는 예쁜 방을 만듭니다. 도배를 새로 하고, 장난감, 먹을 것, 입을 것 등 모든 것을 완벽하게 준비했습니다. 그 아이가 생활할 때 필요한 것을 누가 준비합니까? 아이가 준비하는 것이 아니라, 부모가 다 준비하는 것입니다. 아이가 할 수 있는 것은 자신의 부모를 믿고 받아들여, 따르기만 하면 되는 것입니다.

　우리가 하나님의 자녀로 살 수 있는 모든 것을 하나님께서 준비하십니다. 우리는 믿고 감사함으로 받으면 됩니다. "예, 고맙습니다. 저를 하나님의 자녀로 받아 주신다니 감사드립니다."
즉시 "예"로 대답하는 것, 바로 이것이 '믿음'입니다.

수영을 잘 할 줄 모르는 사람이 물에 빠졌다고 생각해보십시오. 센 물살에 허우적거리고 자꾸 물을 먹으면서 밑으로 가라앉습니다. 이제 죽는 것은 시간 문제입니다. 아무리 몸부림을 쳐도 자꾸 가라앉습니다. 파도가 너무 심해 도무지 살 길이 없습니다. 두려운 마음에, "살려주세요! 사람 살려요!" 소리칩니다. 힘이 다 빠져 지쳐갈 때쯤, 지나가던 한 사람이 그를 위해 물에 뛰어들었습니다. 기쁘게도 그 사람은 올림픽 수영 부문에서 수상을 한 사람이었습니다. 손을 내밀어 물에 빠진 사람을 잡습니다. 물에 빠진 사람이 이때 할 수 있는 유일한 것은, 손만 내밀고 있으면 되는 것입니다. 그것조차 어렵다면 허우적거리고 있기만 하면 됩니다. 물에 빠진 사람이 구조원의 손을 잡는 것이 아니라, 구조원이 물에 빠진 사람을 잡아 주어야 하기 때문입니다.
구원은 원래 그런 것입니다. 하나님의 구원의 손이 벌써 가까이 내려와 있습니다. 우리를 구원해 주실 것을 믿고 손만 내밀고 있으면, 우리를 잡아주시는 분은 언제나 하나님이십니다. 이것이 '믿음'입니다.

"모든 사람이 죄를 범하였으매 하나님의 영광에 이르지 못하더니"

(롬 3:23).

이 말씀은 "모든 사람이 죄라는 물에 빠져서 헤어 나오지 못하더니"라는 뜻입니다. 하나님의 영광이라는 기준에 도달하는 사람은 아무도 없습니다. 의인은 없으며 하나도 없다는 성경의 말씀처럼, 우리 모두는 예외없이 '죄' 라는 웅덩이에 빠져 있습니다.

물에 빠진 사람을 구해 주려고 손을 내밀 때, 이렇게 질문하는 사람이 있을까요? "당신이 정말 나를 도와줄 건가요? 내 지갑을 뺏으려는 건 아니죠?" "학력이 어떻게 되세요? 고향이 어디죠? 어디에서 왔어요?" 이런 것은 물어 볼 필요조차 없는 것입니다. 그저 도와주는 사람의 손을 단단히 잡기만 하면 됩니다.

바로 이것이 우리를 구원하시려는 예수님의 사랑의 손입니다.

"내가 곧 길이요 진리요 생명이니 나로 말미암지 않고는 아버지께로 올 자가 없느니라"(요 14:6).

예수님 외에는 길이 없고, 진리가 없고, 생명이 없습니다. 독선이라고 생각합니까? 진리는 외롭다는 것을 아십니까?

이스라엘 백성이 애굽에서 종살이하며 고통 당할 때, 하나님께서 그들의 고통을 들으시고 모세를 통해 그들을 구해내셨습니다. 그것은 마치 죄에 눌려서 종처럼 사는 사람들의 모습을 그대로 묘사한 것입니다. 하나님은 무서운 재앙을 내리셔서 애굽 왕 바로로 하여금 이스라엘 백성이 그 땅을 떠나게 만드셨습니다. 그때 내린 재앙 중 맨 마지막 재앙은 애굽의 모든 가정의 장남이 죽는 것이었습니다. 장남이 죽는 것을 막기 위해서는 그 집 문 좌우 기둥과 문설주에 어린양의 피를 발라야 했습니다. 하나님은 "내가 피를 볼 때에 너희를 넘어가리라"고 말씀하셨습니다.

  재앙이 임하던 날, 하나님의 말씀에 순종한 가정의 장남은 모두 살 수가 있었습니다. 결국 그 사람들이 살 수 있었던 것은, 문에 피를 발랐다는 것, 즉 다시 말해 예수님의 피를 마음에 믿음으로 받아들였기 때문입니다. 심판과 재앙이 넘어갔습니다.

  출애굽 한 이스라엘 백성은, 광야에서 불신과 불평을 쏟아냈고, 하나님의 징벌을 받아 독사에게 물려 죽게 되었습니다. 그런데 하나님은 모세에게 구리뱀을 만들어 높은 장대에 매달게 하신 후, 뱀에게 물린 자가 그것을 쳐다보기만 하면 살 수 있다고 전하게 하셨습니다. "독사에게 물리면 입으로 빨면 될 텐데…, 약을 먹으면 낫지 않겠어?" 등등 자신들의 생각으로 치료하려 한다면, 다 죽는 것입니다. 물린 자들은 그저 어린 아이같이 단순한 믿음을 가지고 고개를 들어 쳐다보면 되는 것입니다.

  너무 쉽기 때문에 사람들이 속고 있습니다. 하나님의 백성이 되는 것이 너무 쉬운 것 같아서 사람들은 믿지 못합니다. 그러나 구원은 너무 비싸서 값을 매길 수 없기 때문에 하나님께서 그냥 주시는 것입니다.

그렇다면, 진정한 구원의 특징은 어떤 것일까요?

"너희가 그 은혜를 인하여 믿음으로 말미암아 구원을 얻었나니 이것이 너희에게서 난 것이 아니요 하나님의 선물이라 행위에서 난 것이 아니니 이는 누구든지 자랑치 못하게 함이니라"(엡 2:8-9).

이 말씀을 통해 죄에서 구원을 받는 명확한 요소들을 발견할 수 있습니다.

첫째, 구원은 순전히 하나님의 은혜로 되는 것입니다.

'은혜'라는 말은 그것을 받을 자격이 없는 사람에게 좋은 것을 베풀어 주는 것을 말합니다. 자격이 있기 때문에 구원을 받는 것이라면 우리 중에는 어느 누구도 결코 구원 받지 못했을 것입니다.

둘째, 예수 그리스도를 믿어야 합니다.

'믿음'이라는 말은 아주 쉬운 것 같지만 오해하기 쉽습니다.
수년 전, 나이아가라 폭포에서 어떤 사람이 양쪽 끝에서 쇠밧줄을 연결해 놓고 그 밧줄 위를 걸어서 폭포를 왔다갔다 했습니다. 큰 막대기 하나를 손에 들고 줄을 타는 사람이었습니다. 그런데 어느 날, 이 사람이 밧줄에서 내려오더니 "내가 어깨에 사람을 올려 놓고도 폭포를 건널 수 있다고 믿습니까?" 하고 질문 했습니다. 사람들은 큰 박수를 보내며, "당신은 충분히 할 수 있어요"라고 말했습니다. 그런데 줄 타는 사람이 구경꾼 중 한 사람을 가리키면서 "당신이 내 어깨에 타 볼래요?" 라고 물었습니다. 그러자 사람들마다 반응이 제각각이었습니다. "저는 오늘 배가 아파요", "왜 하필 저에게 묻습니까?", "저는 덩치가 너무 크지 않습니까? 작은 사람을 태우세요" 등 아무도 타려고 하지 않았습니다.

왜 그랬을까요? 잘못하면 죽기 때문입니다. 그런데 한 아이가 뛰어 나왔습니다. "제가 타도 될까요?" 이 광경을 보던 아이의 아빠가 황급히 말렸지만, 어느 틈에 아이는 줄 타는 사람의 어깨에 올라섰습니다. 줄 타는 사람은 아이를 어깨에 업고 신중하게 나아가 나이아가라 폭포를 건너 갔습니다. 아이는 신이 났습니다. 관중들은 많았지만 정말 줄 타는 사람을 믿은 사람은 그 아이 밖에 없었습니다. 다른 사람은 머리로만 믿었습니다. 자신의 몸, 즉 삶을 의탁하지 않았습니다.

교회에 나오는 거의 대부분의 사람은 머리로 동의하기 때문에 교회에 나옵니다. 그러나 온 마음으로 삶을 드리지는 않습니다. 하나님께 맡기지 않습니다. '결혼은 내 문제니까, 직장도 내 문제니까, 친구 문제도 마찬가지야!' 하면서 하나님과 의논하지 않습니다. 자신이 좋아하는 대로만 합니다. 그건 반쪽 믿음이요, 반쪽 믿음은 불신앙인 것입니다.

믿음이 무엇입니까? '전적인 신뢰' 입니다. 예수님께 전적으로 의지하는 것입니다. 어떤 아버지가 어린 아들을 약간 높은 곳에 세워놓고, 자신에게 뛰어내려오라고 했습니다. 아이가 펄쩍 뛰어 내렸습니다. 좀 더 뒤로 가서 뛰어 보라고 했더니, 아이가 겁을 먹으면서도 확, 뛰어내립니다. 아이가 땅에서 발을 떼는 즉시, 아빠가 아이를 끌어안아야 합니다. 아빠가 실수하면 아이는 땅에 떨어져 다칩니다. 아이가 정말 아빠를 믿는다면 두 발을 다 땅에서 뗄 수 있을 것이며, 그것이 바로 믿음인 것입니다. 만일 한 발만 떼어 놓는다면 그것은 뛰어내린 것이 아닙니다.

사람들은 50%라도 뛰어내렸다고 생각할 수 있습니다. 그러나 두 발을 다 떼어야만 뛰어내린 것입니다. 그래서 교회에 다니는 교인들은 많은데, 참 그리스도인들은 많지 않다는 말이 있는 것입니다.

셋째, 믿는 자는 이미 구원을 얻었다는 사실입니다.

구원은 앞으로 차근차근히 구원을 얻어가는 것이 아닙니다. 이미 언급했지만, "네가 저 사람의 아들이냐?"라고 물을 때, "거의 아들이 되어 갑니다"라고 대답하면 틀린 말입니다. 결혼을 했느냐는 물음에 거의 되어 간다고 하면 아직 결혼하지 않았다는 것을 말합니다. 하나님의 자녀인지를 물었는데 거의 다 되어 간다고 대답한다면 아직 아닌 것과 같습니다. 성경에서는 그리스도를 주 예수님으로 믿고 진실로 고백한 사람은 이미 영생이 그 안에 있다고 했습니다.

아들이 교통사고를 내서 큰 금액의 벌금이 나왔는데, 아버지가 다 지불하고 아들에게 영수증만 보여주면서 후에는 조심하라고 하는 것과 같습니다. 아들이 다시 벌금을 낼 필요가 없고, 다만 감사한 마음으로 받으면 문제는 이미 해결된 것입니다.

교회에서 봉사했기 때문에 천국에 들어갈 수 있습니까? 천국은 그런 곳이 아닙니다. 그렇게 막 들어가는 곳이 아닙니다. 만일 그렇게 시시한 곳이라면 저는 그곳에 안 갈 것입니다. 많은 사람들이 복음을 위해서 목숨을 걸고 죽을 필요가 어디 있겠습니까? 그것 때문에 순교하는 일이 왜 생깁니까? 너무나 귀하기 때문에 아무나 못 들어가고, 길이요 진리요 생명되신 예수님을 통해서만 들어가기 때문에 그렇습니다. 벌금을 낸 아버지가 아들에게 영수증을 보여주면서 "내가 벌금을 다 냈다"라고 하면, 아들은 "감사합니다. 다음부터는 조심할게요!" 그러면 되는 것입니다.

천국에 들어가는 것도 죄인인 우리로서는 할 수 없는 것인데, 예수님께서 우리를 위해 죽으심으로 가능하게 된 것입니다. 다만, 그것에 감사하며, 앞으로는 죄의 길로 가지 말아야 합니다.

넷째, 구원은 자신의 행위에서 나오는 것이 아닌 하나님의 선물입니다.

구원은 요즘 뉴에이지 사상이나 현대의 잘못된 주장처럼, 우리 자신 속에 무슨 신통한 것이나 신이 있어서 명상이나 요가 같은 방법으로 끌어내는 것이 아닙니다. 성경은 우리가 하나님 보시기에 누추한 죄인일 뿐이며, 우리 속에는 선한 것이 없다고 말합니다. 예수 그리스도를 받아들이기 전까지는 죄의 문제가 해결되지 않습니다. 선물이라는 말은 무엇일까요? 공짜라는 말입니다. 값을 지불하지 않습니다. 너무 비싸기 때문입니다. 그래서 행위로 되는 것이 아닙니다.

몇 년 전, 미국의 어떤 가수가 한국에 왔습니다. 제가 몇 주 동안 통역자로 같이 다니면서 전도 집회를 했습니다. 그는 찬양을 하고 설교도 했습니다. 아주 멋지게 노래를 잘 부르는 대중 가수가 복음성가 가수가 된 것입니다. 이 사람은 모태 신앙인이었는데 마음속에 항상 지워지지 않는 것이 있었습니다. 천국의 심판대 앞에 가면 큰 저울이 있을 것 같았답니다. 한쪽에는 평생 동안 선한 일을 한 것이 쌓여 있고, 한쪽에는 나쁜 짓을 한 것이 잔뜩 쌓여 있는데, 저울추가 왔다갔다, 흔들흔들 하더랍니다. 그러다가 바늘이 선한 것 쪽으로 많이 기울 때 죽으면 천국, 나쁜 짓하고 마음에 걸리던 날 죽으면 지옥. 이렇게 하루에도 몇 번씩 아침에는 지옥, 저녁에는 천국을 왕래하면서 저울대 바늘이 어디로 움직일까 항상 불안했답니다. 그런데 실은 그것이 간단한 것이었습니다. 선한 일이 쌓여 있는 쪽에 자신의 선행이 아니라, 예수님을 올려 놓으니 저울이 확 뒤집어진 것입니다. 그렇게 천국으로 가는 것이 결정된 것입니다. 자신의 선행을 올려놓아 봤자, 악한 것이 훨씬 많기 때문에 어림도 없습니다.

성경에서는 티끌만큼이라도 죄를 남겨 두면 심판에서 나오지 못한다고 말합니다. 온전해져야 하는데 온전한 분은 예수님 밖에 없다고 말합니다. 율법을 지키고, 종교 행사에 다 참석한다고 해서 구원을 얻는 것이 아니라고 성경은 말합니다. 그래서 아무도 자랑할 수 없습니다. 선물로 받았기 때문에, 선물을 주신 하나님을 자랑하고 구원 자체를 자랑할 수는 있습니다.

사도 바울은 자신이 '빚진 자'라고 고백했습니다.

"우리를 구원하시되 우리의 행한 바 의로운 행위로 말미암지 아니하고 오직 그의 긍휼하심을 좇아 중생의 씻음과 성령의 새롭게 하심으로 하셨나니" (딛 3:5).

우리의 의(義) 속에는 많은 더러운 것들이 섞여 있습니다. 그래서 하나님께서 우리를 불쌍히 보시고, 성령으로 우리를 새롭게 하시는 방법을 통해서 구원하시는 것입니다.

흙탕물에 빠져 옷이 엉망이 된 아이가, 매 맞을까 봐 몰래 혼자서 여기저기 빨고 닦는 것으로 문제가 해결되겠습니까? 그냥 엄마에게 "엄마, 나 옷이 더러워졌어요" 하면 되는 것입니다. 그러면 엄마는 더러운 옷을 벗기고 새 옷을 입혀 주실 것입니다. 그런데 많은 사람이 어떻게 합니까? 더러운 영혼을 가지고도 그 위에 계속 새 옷만 입은 채, "교회 다녔는데요", "유아세례를 받았어요" 하면서 계속 옷을 덧입습니다. 더러운 속옷은 벗지도 않습니다. 옷만 두 겹, 세겹을 껴입은 채로 지내면서 자신은 마치 문제가 없는 것처럼 생각합니다. 그렇지만 모두 다 들통나게 되어 있습니다.

그렇다면 죄로 더럽혀진 우리의 영혼은 어떻게 씻을 수 있습니까? 예수 그리스도의 보혈만이 깨끗하게 씻을 수가 있습니다. 예수님을 나의 주님이라고 고백하고, 믿고, 마음에 받아들이면 하나님의 자녀가 됩니다. 그러나 여전히 의심이 따라 옵니다. 확신할 수 없을 때가 있습니다. 주일, 교회에 있을 때는 오늘 죽으면 천국에 갈 수 있을 것 같다가도 수요일, 목요일쯤이면 또 다시 그 믿음은 흔들립니다.

구원에 대한 확신

대학 입시를 위해서 재수한 한 학생이 다시 입학 시험을 봤습니다. 지난 해 불합격한 경험 때문인지, 이번에도 합격할 자신이 없었습니다. 예상했던 문제가 별로 나오지 않았고, 시간이 상당히 부족했습니다. 시험을 마치고 시험장을 나서는데, 다른 학생들이 떠드는 소리가 들렸습니다.

"이번에는 시험 문제가 대체로 쉽지 않았니? 난 대부분 다 알겠더라."

"나도 그래. 괜히 떨었나 봐."

그 말을 들은 학생은 하늘이 노랗게 변하는 것 같았습니다.

"난 굉장히 어렵던데. 큰일났구나!"

그에게 또 떨어질 것이라는 절망감이 엄습했습니다.

차를 타고 집으로 오는데, 차 안에서 또 다른 수험생들이 서로 이야기하는 것을 듣게 되었습니다.

"너, 이번 시험 어떻게 봤어? 왜 그렇게 어려운 게 많은지, 도대체 모르겠더라구!"

"난, 진짜 열심히 공부했는데 몇 개나 맞춘 건지 모르겠어."

그 말을 들은 학생의 입에서 안도의 한숨이 나왔습니다.

'나만 어려워서 고생한 것이 아니구나. 난 그래도 상당히 많이 맞췄는데….'

집으로 오는 동안 그 학생은 여기 저기서 들리는 친구들의 말에 따라 불안과 확신 사이를 계속 오갔습니다. 확실치 않은 이 사람 저 사람의 말에 기준을 두고 있었기 때문에 아무것도 확신할 수 없었던 것입니다. 합격자 발표가 날 때까지 항상 불안했습니다.

합격자 발표가 있던 날, 합격을 확인한 후에는 누구의 말에도 불안해 할 필요가 없었습니다. 손에 합격 통지서를 들고 있었기 때문입니다. 이것은 저의 경험이었습니다. 저는 정말 대학에 붙었는지 실감이 나지 않을 때마다 그 합격증을 여러 번 들여다 보았습니다. 심지어 행정 착오로 잘못 합격한 학생도 있다는 말을 들었기 때문에 오랜 기간 동안, 합격을 믿지 못했습니다. 그러나 내 손에 있는 학생증은 내가 누구인지를 분명하게 증명하였습니다.

우리의 구원을 확인시켜 주는 증서가 바로 성경입니다. 주 예수를 믿고 고백하며 영접하는 사람은 하나님의 자녀가 된다는 성경의 아주 단순하지만 진실된 말씀을 붙잡아야 합니다.

"내가 진실로 진실로 너희에게 이르노니 내 말을 듣고 또 나 보내신 이를 믿는 자는 영생을 얻었고 심판에 이르지 아니하나니 사망에서 생명으로 옮겼느니라" (요 5:24).

구원의 확신을 얻으려면 어떻게 해야 할까요?
첫째, 예수님의 말씀을 들어야 합니다.
우리는 우리 때문에 예수님께서 십자가에서 죽고 또 부활하셨다는 말씀을 여러 번 들었습니다. 그러나 세상 인구의 반이 지금까지도 복음을 제대로 듣지 못하고 있습니다. 먼저 복음을 들은 사람에게는 책임이 있습니다. 이 시대의 사람들은 환상이나 꿈이 아닌 성경을 통해서 예수님의 말씀을 들었습니다.

둘째, 예수님을 보내신 분, 즉 하나님을 믿어야 합니다.

셋째, 믿는 자에게는 이미 영생이 주어져 있음을 깨달아야 합니다.
저는 이 말씀으로 인해 변화되었습니다. 교회 생활을 여러 해 동안 하면서도 구원에 대한 확신이 없다가 이 말씀 때문에 제 마음에 생명의 빛이 들어왔습니다. 만약 성경에, 우리의 행위에 따라 영생이 부여된다고 기록되었다면 그것은 너무나 큰일일 것입니다. 그런데 성경에는 지금 나에게 영생이 있다고 증거합니다. 중요한 것은, 영생이 있고 없고의 문제는 하나님께서 정하실 것이고, 듣고 믿는 것은 우리 스스로가 할 일인 것입니다. 그렇다면 정말 영생이 있을까요? 내 마음을 들여다 봐도 안 보입니다. 영생은 눈으로 볼 수가 없습니다. 성경의 말씀을 약속으로 믿고 받아들여야만 믿어집니다.

성경은 예수 그리스도를 믿는 자는 앞으로 닥칠 심판에 들어가지 않는다고 했습니다.

"한번 죽는 것은 사람에게 정하신 것이요 그 후에는 심판이 있으리니" (히 9:27).

믿든지, 안 믿든지 간에 성경에서는 심판이 있다고 말씀하기 때문에 준비하는 것입니다. 심판은 미래에 올 것이지만, 주를 믿는 자에게는 심판이 없습니다. 그러한 진리를 알고나면 이후에는 이상하게 죽음이 두렵지 않습니다.

그리고 사망에서 생명으로 옮겨집니다. 이 말씀을 구원의 영수증으로 삼으십시오. 하나님께서 약속하시고 서명하신 성경에 기록되어 있으니 허술하다거나 절대로 바뀌지 않습니다.

언제 구원 받을 수 있을까요?

사람들이 예수님을 믿지 못하도록 마귀들이 방해 공작을 합니다. 예를 들어 종교는 다 똑같으니 예수만 믿을 필요가 없다거나, 남에게 해만 끼치지 않고 살면 된다고 말합니다. 하나님은 사랑이시니까 아무도 지옥에 보내지 않으실 거라는 생각도 마귀가 준 것입니다. 또는 어려서 세례를 받았으니 안심하고 살라는 식으로 마귀는 우리의 생각을 혼란스럽게 만듭니다.

유명한 일화가 있습니다. 교회 성장과 신앙 결단을 막기 위해 마귀들이 대책 회의를 열었습니다. 한 마귀가 제안을 합니다. "성경을 믿지 못하게 합시다. 옛날에 쓰여진 신화와 전설일 뿐이라고 말이죠." 그러자 다른 마귀가 말합니다. "그건 옛날에 우리가 다 써 본 작전인데다, 성경을 신뢰하는 사람들이 많이 있소." 다른 마귀가 손을 듭니다. "일년에 몇 차례 교회에 가는 것으로 만족하도록 설득합시다." 또 다른 마귀가 제안합니다. "하나님도 없고 예수도 가상의 인물이라고 말합시다." 그러자 우두머리 마귀가 버럭 화를 냅니다. "야 이놈아! 하나님이 없으면 우리도 없는 거야! 집어치워!" 그때 아주 노련한 마귀가 제안한 것이 채택되었습니다. "예수를 믿기는 믿되, 나중에 믿게 하는 겁니다!"

새털같이 많은 날 중에 꼭 오늘 믿어야 하나? 이 다음에 조금 한가해지고, 나이든 후에 믿어도 늦지 않을 거야. 아직은 너무 젊어서 할 일도 많고, 죽음을 생각하기에는 너무 이르지 않은가?"

마귀의 꼬임에 속아 넘어간 너무나 많은 사람들이 아까운 세월을 그냥 흘려보내고 있습니다. 성경은 분명히 말합니다.

"가라사대 내가 은혜 베풀 때에 너를 듣고 구원의 날에 너를 도왔다 하셨으니 보라 지금은 은혜 받을 만한 때요 보라 지금은 구원의 날이로다" (고후 6:2).

"너희는 여호와를 만날 만한 때에 찾으라 가까이 계실 때에 그를 부르라 악인은 그 길을, 불의한 자는 그 생각을 버리고 여호와께로 돌아오라 그리하면 그가 긍휼히 여기시리라 우리 하나님께로 나아오라 그가 널리 용서하시리라" (사 55:6-7).

유명한 화가, 홀만 헌트(Holman Hunt)가 그린 '세상의 빛'이라는 그림이 있습니다. 머리에 가시 면류관을 쓰신 예수님께서 어느 집의 문을 두드리고 계신 그림입니다. 예수님의 손에는 등불이 들려 있고, 그 집의 문은 너무 오랫동안 열린 적이 없어서 가시덩굴과 거미줄로 가득합니다. 그 어두운 집에 빛을 주시려고 예수님께서 문을 두드리십니다. 그림을 자세히 보면 그 문에는 문고리가 없습니다. 밖에서 밀고 들어가는 문이 아니라 안에서 여는 문입니다. 그것은 바로, 우리 마음의 문입니다.

"볼지어다 내가 문 밖에 서서 두드리노니 누구든지 내 음성을 듣고 문을 열면 내가 그에게로 들어가 그로 더불어 먹고 그는 나로 더불어 먹으리라" (계 3:20).

"너는 내일 일을 자랑하지 말라. 하루 동안에 무슨 일을 당할는지 네가 알 수 없다"고 말씀하신 것처럼, 오늘 주 예수님을 믿고 마음에 영접하십시오. 일생에 가장 위대한 결단이 될 것입니다.

2

어떻게 성경을 읽을까?

성경은 위대한 문학적 가치가 있지만
문학책은 아닙니다.
성경은 인류가 아직 발견하지도 못한
신비한 과학적인 내용이 가득하지만,
과학책도 아닙니다.
성경은 인생에 가장 심오하고 놀라운
철학들을 이야기하지만
철학책도 아닙니다.
성경은 흥미로운 이야기로 가득하지만
역시, 소설책도 아닙니다.

성경은 하나님의 진리의 말씀책입니다.

| 믿음 · **성경** · 기도 · 예배 · 전도 · 헌금 · 봉사 · 유혹 · 고난 · 인도하심 |

디모데후서 3장 16~17절
"모든 성경은 하나님의 감동으로 된 것으로 교훈과 책망과 바르게 함과 의로 교육하기에 유익하니 이는 하나님의 사람으로 온전케 하며 모든 선한 일을 행하기에 온전케 하려 함이니라."

연애 시절, 사랑하는 사람과 편지를 주고받은 경험은 누구에게나 있을 것입니다. 정성스럽게 편지를 쓰고 또 받게 되면, 한 글자도 빠짐없이 자세히 읽고 또 읽으면서 내용을 음미합니다. 그 내용이 나를 사랑한다는 것이 분명한지 다시 읽어 보고, 또 읽는 것입니다.

성경은 하나님께서 우리를 사랑하신다는 것을 여러 가지로 말씀해 주시는 일종의 애틋한 연애편지입니다.
성경을 하나님의 사랑의 편지로 알고 읽게 되면 얼마나 황홀할까요?

성경을 읽어야 하는 이유

처음 걸어보는 길에서 방황하지 않으려면 미리 상세한 지도를 참고하는 것이 지혜롭습니다. 지도없이 '대략 어느 방향이겠지' 짐작만으로 출발했다가, 이 골목 저 골목을 왔다갔다 하면서 헤맨 경험이 누구에게나 있을 것입니다. 목적지는 분명히 아는데, 가는 길이 분명치 않으면 많은 시간을 길에서 허비해야 합니다. 지도만 있다면 아무리 낯선 곳이라도 찾아 갈 수 있습니다. 지도를 볼 줄만 알면 여행이 쉽습니다.

어떤 부인이 빵 굽는 것을 좋아하여 신형 오븐을 구입했습니다. 그동안에도 늘 여러 가지 빵을 많이 구워 보았기 때문에 부인은 늘 하던 방식대로 새 오븐에 빵을 구웠습니다. 그런데 이상하게도 빵이 제대로 구워지지 않고 자꾸 타거나 바닥에 밀가루가 붙는 것이었습니다. 오븐 가게에 전화를 합니다.
"새로 산 오븐에 빵이 잘 구워지지 않아요. 뭔가 고장이 난 게 아닐까요?" 그러자 주인은, "박스에 동봉된 설명서의 앞 페이지를 읽어 보시면 사용 방법이 상세하게 나와 있습니다" 라고 대답했습니다.
"여보세요, 내가 빵을 한 두 번 구운 줄 아세요? 그런 건 안 봐도 잘 알아요." 그러자 주인은, "동봉된 설명서를 보고도 안 되면 환불하거나 새 것으로 바꿔 드리겠습니다" 라고 했습니다. 부인은 별로 내키지 않는 마음이지만 설명서를 읽고 그대로 하자, 빵이 잘 구워졌습니다.

그 오븐에는 부인이 잘 모르는 새로운 몇 가지 장치가 부착되어 있었습니다. 옛날 생각만 하고 설명서를 무시했다가 망신을 당한 것입니다.

우리는 위의 두 이야기에서 공통점을 발견합니다. 도달해야 할 목표는 있는데, 자신의 상식과 경험만을 의지하여 지도와 안내 책자를 참고하지 않으면 실패한다는 것입니다. 목표를 알았지만 가는 길을 모르는 것과 자신의 경험을 의지하며 교만한 것을 발견할 수 있습니다. 인생을 살면서 세상 모든 사람들이 사는 대로 따라가면 안전할 것이라고 오해하는 사람들이 많습니다. 남들도 다 그렇게 살기 때문에, 자신도 그 흐름대로 사는 것이 최선의 방법이라고 착각하는 것입니다. 한 번 밖에 살 수 없고, 그것도 일방통행으로 가야 하는 인생길을 가장 안전하고 선하게 인도하는 책이 바로 성경입니다. 그런데 많은 사람들이 성경의 안내를 받지 않고도 인생을 잘 살 수 있다고 장담하면서 위험한 길을 가고 있습니다.

"모든 성경은 하나님의 감동으로 된 것으로 교훈과 책망과 바르게 함과 의로 교육하기에 유익하니 이는 하나님의 사람으로 온전케 하며 모든 선한 일을 행하기에 온전케 하려 함이니라" (딤후 3:16~17).

성경을 읽으면 많은 유익이 있습니다. 성경은 하나님의 감동을 받은 사람들이 기록한 책입니다. 어느 머리 좋은 사람이 꾸며낸 소설이거나, 여기저기 떠도는 전설을 모은 야담(野談)도 아닙니다. 하나님께서 우리를 위하여 성령의 감동을 받은 사람들을 통해서 기록한, 거룩한 하나님의 말씀입니다. 이것은 지나가 버린 과거의 이야기만을 다룬 것이 아니라, 현재 일어나고 있는 일들과 앞으로 일어날 일들을 가르치는 하나님의 말씀입니다.

성경에서 교훈을 얻습니다. 삶의 진리를 얻는 최선의 길은 성경을 통한 것입니다. 학교에서 많은 지식을 쌓아도 성경을 통해서 교훈을 얻지 못하면 영적인 무지에서 벗어나지 못합니다. 이 사회는 세상 학문만으로 살 수 없습니다.

성경에서 책망을 받습니다. 아이들이 잘못을 저지르면 어른들이 책망합니다. 그러나 어른들이 잘못을 저지르면 누구에게 책망을 듣습니까? 성경을 읽는 사람은 성경을 통해서 하나님의 책망을 듣습니다. 진정한 교육에는 칭찬과 책망이 겸비되어야 합니다.

성경을 통해 바르게 함을 얻습니다. 우리는 살다가 종종 궤도를 벗어날 때가 있습니다. 가야 할 길을 가지 않고 엉뚱한 곳에서 헤맬 때가 있습니다. 이때 하나님의 말씀을 통해서 책망을 듣고 고치면 바른 궤도에 들어서는 것입니다.

성경을 통해 의로 교육을 받습니다. 사람은 평생 배우게 됩니다. 배우기를 그치면 남는 것은 죽음 밖에 없습니다. 성경을 통해 의로 교육을 받으면, 참 지혜를 얻습니다.

"주의 말씀은 내 발에 등이요 내 길에 빛이니이다" (시 119:105).

"하나님의 말씀은 살았고 운동력이 있어 좌우에 날선 어떤 검보다도 예리하여 혼과 영과 및 관절과 골수를 찔러 쪼개기까지 하며 또 마음의 생각과 뜻을 감찰하나니" (히 4:12).

성경은 위대한 문학적 가치가 있지만 문학책이 아닙니다. 성경은 인류가 아직 발견하지도 못한 신비한 과학적인 내용들이 가득하지만 과학책도 아닙니다. 성경은 인생에 가장 심오하고 놀라운 철학들을 가르쳐 주지만 철학책도 아닙니다. 성경은 흥미있는 이야기로 가득하지만 소설책도 아닙니다. 성경은 하나님의 진리의 말씀책입니다.

훌륭한 성경학자인 존 스토트(John Stott)는 성경을 '구원의 책'이라고 정의합니다. 성경에는 이 세상의 창조와 인간의 기원이 나오고, 인간의 타락으로 인한 죄가 기록되어 있습니다. 그리고 죄의 결과로 인간에게 죽음이 왔고, 죽음 뒤에 심판이 있다는 것을 말하지만, 동시에 예수 그리스도를 통해서 죄가 해결됨을 가장 정확하게 제시해 줍니다. 구약은 구원의 예언과 그림자이고 신약은 구원의 성취와 실제를 다룹니다. 그래서 성경을 온전히 이해하려면 신·구약을 모두 읽어야 합니다.

성숙한 그리스도인이 되려면 하나님의 말씀을 믿어야 하지만, 성숙한 그리스도인의 삶을 살기 위해서는 하나님의 말씀을 영혼의 양식으로 섭취해야 합니다.

"오직 우리 주 곧 구주 예수 그리스도의 은혜와 저를 아는 지식에서 자라가라" (벧후 3:18).

몸을 건강하게 유지하기 위해서는 매일 일정한 분량의 음식을 먹어야 합니다. 갓난 아이가 하루에 몇 번이나 젖을 먹습니까? 한 두 번이 아닐 것입니다. 수도 없이 자주 먹습니다. 그것이 정상입니다. 며칠이 지나도 젖을 찾지 않는 아기라면 당장 병원에 가야 합니다. 그리고 적당한 시간 동안 편안한 잠을 자고, 영양분이 많은 음식과 함께 운동과 휴식이 필요합니다. 마찬가지로 영적으로 건강하고 정상적인 신앙을 유지하기 위해서는 가장 필수적인 요소로써 하나님의 말씀을 양식으로 일정하게 먹어야 합니다. 일주일에 한 번 교회에 와서 설교를 듣는 정도만 가지고는 결코 풍성한 신앙생활을 하지 못합니다. 매일 성경을 읽고 묵상하고 영혼의 양식으로 삼아야 합니다. 전도자 드와이트 무디는 이렇게 말했습니다.

"기도란 우리가 하나님께 말하는 것이다. 그러나 성경을 읽으면 하나님께서 우리에게 말씀하시는 것이 된다. 하나님이 많이 말씀하시도록 하면 삶이 풍성해진다."

"자유가 아니면 죽음을 달라!"고 외친 패트릭 헨리는 "내 자녀들에게 백 만불과 신앙 둘 중에 한 가지를 물려 주라고 하면, 나는 백 만불 대신 신앙을 물려 주겠다"고 했습니다. 많은 재산보다 훌륭한 신앙을 우리 자녀들에게 물려 주겠다는 결단을 하십시오. 바른 신앙 안에 견고히 서십시오.

토마스 제퍼슨은 "성경은 자유의 머릿돌이다. 성경을 읽으면 더 나은 시민과 아버지와 남편이 된다"고 말했고, 존 아담스는 "성경을 어려서부터 읽으면 후에 더 훌륭한 국민, 존경받는 시민이 된다"고 했습니다.

링컨은 "성경은 하나님께서 인간에게 주신 가장 좋은 선물"이라고 말했습니다. 루즈벨트는 "하나님의 인도를 받지 않는 교육은 무책임한 사람에게 총을 주는 것과 같다"고 했습니다. 토마스 칼라일은 "성경은 영원을 들여다 볼 수 있는 창문과 같다"고 말했고, 다윗 왕은 "하나님의 말씀이 천개의 은과 금보다 귀하다"고 말했습니다. 베드로는 "성경은 어둠에 비치는 새벽 빛과 같고, 우리 마음에 떠오른 새벽 별과 같다"고 말했습니다.

성경을 보다 효과적으로 읽으려면…

1. 지속적으로 읽기

우리는 하루에 적어도 두세 번은 식사를 합니다. 아무리 험악한 감옥이라도 하루에 일정한 분량의 음식을 줍니다. 머지않아 사형을 당할 사형수라고 해도 절대로 굶기지 않습니다. 아침 출근 시간에 바쁜 이들은 간단한 샌드위치를 만들어 운전하면서 먹기도 합니다. 운전하면서 먹고, 심지어 걸어가면서 먹는 사람도 있습니다. 군대에 가면 대부분의 청년들이 건강해집니다. 약골이었던 청년이라고 해도 몇 개월만 지나면 양볼에 살이 붙고 건강을 찾습니다. 왜 그럴까요? 그것은 영양분이 높고 좋은 음식을 먹어서가 아니라, 매일 운동을 하고 규칙적인 식사를 하기 때문입니다.

성경을 읽지 않는 날은 영의 양식을 먹지 못한 날입니다. "성경을 읽지 않으면 아침 식사를 하지 않겠다"(No Bible, No Breakfast)고 결단하십시오. 아침 식사를 건너 뛸지언정 성경 읽기를 생략하지 않겠다고 결심해야 합니다.

성경을 읽는 것은 습관이 됩니다. 가끔씩 성경을 읽으면 결코 습관이 되지 않습니다. 이른 아침이나 하루 중에 가장 조용하고 방해받지 않는 시간과 장소를 찾으십시오. 성경을 손에 닿는 곳에 두어서 신문을 펴거나 TV를 켜기 전에 먼저 읽으십시오. 잠들기 전에 읽을 수 있도록 가까이에 성경을 두고, 거실과 서재 그리고 직장에도 성경을 두십시오. 바쁘다고 핑계하지 말고, 매일 누구를 기다리는 시간이나 짬이 날 때마다 그런 자투리 시간을 이용하십시오. 하루 중, 그냥 흘려보내는 시간이 적지 않은 것을 아십니까? 작은 성경책을 가방이나 주머니에 휴대하고 다니면, 성경을 읽을 기회가 훨씬 많아집니다. 책 읽는 국민이 책을 읽지 않는 국민을 다스린다고 했던 링컨의 말을 기억하십시오.

며칠 동안만 하다가 중단하지 마십시오. 평생 성경을 읽으면 놀라운 은혜를 경험합니다. 지금은 젊고 사업에 바쁘니 나중에 나이가 들어서 시간이 나면 성경을 읽겠다는 속임수에 넘어가지 마십시오. 가끔, 많이 읽는 것보다 조금씩이라도 매일 읽는 것이 결과적으로 신앙에 더 큰 유익이 됩니다. 가끔 소나기 밥을 먹는 사람이 있습니다. 평소에는 식사를 제대로 하지 않다가 주말이나 특별한 때에 많이 먹는 나쁜 습관입니다. 그런 사람은 틀림없이 위장병에 걸립니다. 매일 적당한 분량의 성경을 읽는 것이 드문드문 한꺼번에 많이 읽는 것보다 효과적입니다.

성경 읽기를 위해서 하루에 최소한 15분 내지 20분을 떼어 놓으십시오. 신문, TV, 라디오에 허비하는 시간을 생각해보면 얼마든지 이 시간을 낼 수 있습니다. 새벽부터 아무리 분주해도 이 시간은 하나님의 음성을 듣는 시간으로 여기고 습관이 되도록 하십시오. 정말 너무 바쁘면 화장실에서라도 잠시 책을 펼치십시오.

"베뢰아 사람은 데살로니가에 있는 사람보다 더 신사적이어서 간절한 마음으로 말씀을 받고 이것이 그러한가 하여 날마다 성경을 상고하므로" (행 17:11).

2. 체계적으로 읽기

아무 곳에서나 되는 대로 성경을 펴서 읽는 것은 크게 도움이 되지 않습니다. 오늘은 구약 어느 곳, 내일은 신약의 어느 곳, 그것도 정하지 않고 손에 잡히는 대로 읽으면 결코 성경이 깨달아지지 않습니다. 소설책을 읽으면서 앞 부분을 읽다가 다음엔 뒷 부분을 읽는 등, 왔다갔다 한다면 내용을 파악할 수 없습니다. 성경은 하나님의 특별한 목적 속에서 우리를 향한 사랑 때문에 쓰여진 책입니다. 그분의 마음을 바로 이해하고, 삶의 인도를 받기 원하면 체계적으로 읽는 것이 효과적입니다. 기분 내키는 대로 읽다 보면, 성경 전체의 흐름을 제대로 파악하지 못합니다. 많은 사람들이 여기저기에서 부분적으로 성경 이야기를 듣거나 읽기 때문에 귀한 보물을 찾아내지 못하고 있습니다. 꾸준히 순서에 따라서 성경을 읽다 보면 내용의 흐름을 파악할 수 있게 됩니다.

이스라엘 백성이 하나님의 음성을 듣고도 불순종하자, 그 형벌로 앗수르가 쳐 들어와 알아듣지 못하는 방언으로 그들에게 가르쳤습니다. 한두 마디는 알아 들어도 여기저기서 조금씩 단편적으로 들으니, 전혀 그 말의 뜻을 이해할 수 없었습니다(사 28:13). 어깨 너머로 주워 듣는 조각 상식으로 성경을 판단하지 마십시오.

성경에는 우리를 구원하시는 하나님의 분명한 의도가 있기 때문에 전체에 흐르는 사상을 이해해야 합니다. 귀퉁이 어느 작은 구절을 가지고 그것이 마치 중심적인 사상인 것처럼 우기다가 이단이 됩니다. 대부분의 이단이 성경을 왜곡하거나 아주 작은 부분이 전체인 것처럼 주장하여 생기는 것입니다. 성경은 우선 처음부터 끝까지 통독하여 전반적인 내용을 아는 것이 중요합니다. 그 후에 다시 책별로 보다 상세하게 읽으면 구체적인 내용을 파악할 수 있습니다.

성경을 한 번도 통독하지 못한 사람은 신약부터 시작하는 것이 좋습니다. 스토리가 많은 창세기부터 읽다가 제사법들이 나오는 레위기에서 더 이상 진전하지 못하는 사람들이 많습니다. 그러다가 잠언이나 시편으로 잠시 갔다가 결국 손을 놓습니다. 신약의 누가복음이나 마가복음에서 시작해서 끝까지 읽으십시오. 예수님의 생애와 인격, 하신 일을 먼저 이해해야 복음을 바로 알게 됩니다. 마태복음, 마가복음, 누가복음, 요한복음을 마치면 교회의 역사를 다룬 사도행전을 읽고, 서신서를 계속해서 읽어 가십시오. 이해되지 않는다고 뛰어넘지 말고, 계속해서 읽으면 용어에 익숙해지고 좌우 문맥을 통해 뜻이 밝혀집니다.

마치 새 주택을 사는 것처럼 성경을 읽을 수도 있습니다. 집을 살 때, 먼저 집에 들어가 하수도와 상수도, 마루바닥부터 보면 안 됩니다. 제일 중요한 것은 그 집의 위치입니다. 그 동네가 안전하고 교통이 편리한 곳인지 봐야 합니다. 그리고 멀리서 집을 보면서 방향이 좋은지, 집이 기울지는 않았는지, 모양이 이상하지는 않은지 확인해야 합니다. 다음에는 현관과 지붕과 벽들의 건축 재료를 확인하고, 집 안에 들어가서는 문과 창과 바닥과 시설물들을 확인하는 것입니다. 그리고 다시 밖으로 나가서 멀리서 집을 바라보십시오.

마찬가지로 성경을 볼 때, 처음에는 전체적인 내용의 흐름을 이해하는 것이 중요합니다. 그래서 통독이 필요한 것입니다. 그리고 각 책을 읽으면서 핵심적인 내용을 이해하고, 이제는 한 권을 택해서 자세하게 읽으며 공부합니다. 이렇게 많은 시간을 투자하여 성경을 읽고 공부하고 나면 이제 성경 전체가 보입니다.

성경은 한 권으로 되어 있기 때문에 어느 내용이 독자적으로 이상한 내용을 갖고 있지 않습니다. 전체에 비춰서 그 내용을 이해해야 바르게 알게 됩니다.

3. 믿고 순종하는 마음으로 읽기

성경을 분석하거나 도전하려는 마음으로 읽으면 피곤하여 큰 유익을 얻지 못합니다. 역사적으로나 고고학적으로 이미 증명된 것들이 많지만, 아직도 우리의 상식을 뛰어넘는 것들이 많습니다. 의혹을 가지고 읽으면 대개 시간 낭비에 불과합니다.

예를 들어, 하나님이 태초에 천지를 창조하셨다고 하면, "그래서 자연의 조화가 신비하구나!"라고 감탄하십시오. 이스라엘 백성 앞에서 홍해 바다가 갈라졌다는 것을 읽으면, "아, 하나님은 너무나 놀라운 분이시구나!"라고 감사하십시오.

예수님께서 "나와 하나님 아버지는 하나이니라" 하시면, "그래서 예수님이 곧 하나님이시구나!"라고 이해하는 것입니다. 나사로가 예수님의 음성을 듣고 살아났으면, "예수님은 죽은 자도 살리시는구나!'라고 깨닫는 것입니다.

어떤 부분은 전혀 이해가 되지 않습니다. 우리의 상식을 초월한 내용도 적지 않습니다. 그런데 그런 부분에 대해서도 하나님을 신뢰하는 믿음의 마음으로 읽으면 그것이 깨달아진다는 사실입니다.

부활을 어떻게 설명해야 설득이 되겠습니까? 죽은 사람이 다시 살아난다는 것은 현대 과학이나 우리의 지식으로 결코 납득이 되지 않는 사건입니다. 아무리 생각하고 궁리해도 풀리지 않는 것이 이런 문제입니다. 그럼에도 불구하고 거짓말하지 않으시는 하나님이신 것을 믿고 받아들이면 의심이 생기지 않습니다. 이해하고 믿는 것이 아니라 믿고 읽게 되면 깨달아집니다.

성경이 정말 하나님의 말씀인지 확인해보는 방법은 없을까요?

"사람이 하나님의 뜻을 행하려 하면 이 교훈이 하나님께로서 왔는지 내가 스스로 말함인지 알리라" (요 7:17).

성경에서 가르쳐 주는 것을 실제로 순종하고 실행하게 되면, 그 말씀의 의미와 힘을 깨닫게 됩니다. 예를 들어 "주라, 그리하면 너희에게 줄 것이니 곧 후히 되어 누르고 흔들어 넘치도록 하여 너희에게 안겨 주리라…"는 말씀을 읽었을 때, 정말 그럴까 의심이 생길 것입니다. 움켜쥐고 빼앗아도 눈 감으면 코 베어가는 세상인데, 먼저 내어 주어야 더 많이 받는다는 성경 말씀이 사실일까요? 이런 의심이 생길 때 가장 좋은 방법은 성경의 가르침대로 나누고 베풀어 주는 것입니다. 내가 가진 것이 별로 없어도 가진 것을 나누고 그냥 주는 사랑을 베풀어 보십시오. 하나님께서 어떻게 넘치도록 돌려 주시는지 경험하게 되면 그 말씀의 진실성을 깊이 깨닫게 됩니다. 하나님의 말씀을 순종 가운데 경험하면서 더 깊이 알게 되는 것입니다.

자기 식으로 해석하여 결국 자기 생각에 매어 있으면 결코 진리를 찾지 못합니다.
성경을 얼마나 아는가 하는 것보다 중요한 것은 하나님의 말씀에 얼마나 순종하는가 입니다. 성경은 말씀대로 순종하는 만큼 깨달아지며, 그렇게 깨달은 만큼 주님을 더 알아 가게 됩니다. 주님을 알아 가면 그만큼 주님을 닮게 되며, 그것이 우리에게 큰 기쁨과 힘이 됩니다.

4. 모래에서 보석을 찾듯이 자세히 읽기

사금(砂金)이란 엄청난 분량의 모래를 채로 골라내었을 때 거기서 발견되는 반짝이는 금가루입니다. 성경 속에 있는 하늘의 진리는 길에 떨어져 있는 나무나 풀잎 같은 것이 아닙니다. 금광에서 깊은 굴을 파고 들어가 금을 캐내듯이, 하나님의 말씀을 파고들어야 보화를 발견합니다. 작은 분량의 사금을 찾으려면 커다란 트럭으로 여러 차례 모래를 퍼서 물에 걸러야 합니다. 얕은 흙더미 속에서 진짜 금이 발견된 적이 없고, 얕은 시냇물에서 큰 물고기가 잡힌 적이 없습니다. 건성으로 지나가면 아무것도 발견할 수 없습니다.

"너희는 여호와의 책을 자세히 읽어 보라 이것들이 하나도 빠진 것이 없고 하나도 그 짝이 없는 것이 없으리니 이는 여호와의 입이 이를 명하셨고 그의 신이 이것들을 모으셨음이라" (사 34:16).

이 구절은 원래 앞에 언급된 각종 짐승들에 관한 것이지만, 동시에 하나님의 말씀이 서로 모순되거나 짝이 맞지 않은 것이 없이, 완전한 정확성을 가졌다는 사실을 의미합니다. 그러므로 성경을 읽을 때는 전후 문맥도 조사하고, 전체 내용과도 비춰 보는 것이 좋습니다. 눈에 띄는 어느 한 두 구절에 매달리지 말고, 앞뒤와 그 책의 배경을 이해하도록 공부하십시오. 성경을 쓸 때와 지금은 여러 면에서 차이가 있습니다. 당시의 역사적인 배경을 아는 것이 중요합니다.

흙 속에서 보석을 찾아 내려면 눈을 크게 뜨고 천천히 찾아가야 하듯이 성경도 그렇게 읽으십시오. 성경은 소설이나 수필이 아니라 우리를 사랑하신다는 하나님의 사랑의 편지입니다. 사랑하는 사람에게서 온 편지를 대강 훑어 보거나 건성으로 읽어 버리겠습니까? 그것을 읽어야 하는 의무 때문에 읽습니까? 아닙니다. 사랑의 편지는 읽으면 읽을수록 좋기 때문에 자꾸 읽습니다. 그것이 남의 이야기가 아니라 내 이야기이기 때문에 더욱 소중한 것입니다.

고아들의 아버지로 유명한 죠지 뮬러는 매년 4번씩 성경을 읽어, 25년 만에 100번을 통독했다고 합니다. 그런데 읽을 때마다 새 책을 읽는 것같은 기쁨을 맛보았다고 고백했습니다. 성경을 읽지 않고 지나간 날은 마치 하루를 잃어버린 느낌이었다고 합니다. 그가 평생에 5만 번 이상의 기도를 응답받은 데에는 그럴 만한 이유가 있었습니다.

뜻을 생각하면서 성경을 천천히 읽되, 깨달아지는 것을 기록하십시오. "짧은 연필이 긴 기억력보다 낫다"는 말이 있습니다. 깨달아지고 개인적으로 마음에 와 닿는 내용이 있으면 밑줄을 긋고 기록하여 마음에 새겨 두는 것입니다. 어려운 표현이 나오면 사전을 찾아 보기도 하고, 내용이 애매한 것은 표시하여 목사님께 묻거나 공부해 보십시오.

드와이트 무디는 성경을 공부하는 데 있어서 망원경적인 방법과 현미경적인 방법이 있다고 말했습니다. 즉 망원경처럼 멀리서 성경 전체를 통독하고 그 전반적인 흐름을 이해하는 것입니다. 그리고 현미경처럼 상세하게 깊이 파고 들어가 연구하여 더 깊은 생수를 길어 올리는 방법입니다.

종교 개혁가인 마틴 루터는 '믿음으로 의롭게 된다'는 로마서의

한 구절을 읽고 깨달아 변화를 경험했습니다. 이 루터의 이야기를 듣게 된 요한 웨슬레는 가슴이 뜨거워졌고 놀라운 중생의 체험을 했습니다. 어거스틴도 이제 마지막 때이므로 방탕한 생활을 벗어 버리라고 한 성경 말씀에 의해 인생이 변화되었습니다. 워싱턴은 "하나님과 성경없이 세상을 다스리는 것은 불가능한 일"이라고 말했습니다.

존 뉴톤은 "변호사가 남의 유언장을 읽는 것처럼 성경을 읽지 말고, 피상속자가 자신이 받을 것을 읽는 마음으로 상세하게 읽어야 한다"고 말했습니다.

성경을 깊이 파고 들다 보면 뜻밖에 놀라운 것들을 많이 찾게 됩니다. 이스라엘의 한 사업가는 성경의 소돔과 고모라의 멸망 기록을 읽다가 아이디어를 얻었습니다. "소돔과 고모라와 그 온 들을 향하여 눈을 들어 연기가 옹기점 연기같이 치밀음을 보았더라"(창 19:28).

그렇게 땅에서 연기가 솟았다면, 그곳에 가스가 매장되어 있을 것이고, 그렇다면 석유가 있을 가능성이 크다고 생각한 것입니다. 1953년, 그는 옛날 소돔과 고모라 성 지역에서 이스라엘 최초의 유전(油田)을 파기 시작했습니다.

어떤 사람은 삶의 어둔 터널을 통과하다가 성경에서 출구를 발견하고, 어떤 사람은 절망의 계곡 앞에서 주저 앉으려다가 성경을 통해서 계곡을 가로지르는 다리를 발견합니다. 어떤 사람은 앞을 가로막는 장애물을 뛰어 넘는 디딤돌을 찾는가 하면, 칠흑같이 어둔 길에서 길을 찾지 못하고 방황하다가 성경에서 빛을 찾기도 합니다. 당신은 오늘 읽은 성경에서 어떤 보석을 찾아냈습니까?

5. 성경 구절을 암송하기

이것은 참으로 하나님의 말씀을 사랑하는 사람들이 사용하는 방법입니다. 가끔 읽기만 하는 것이 아니라 그 말씀을 외워서 마음에 담아 두는 것입니다. 말씀을 마음에 새기십시오.

"내가 주께 범죄치 아니하려 하여 주의 말씀을 내 마음에 두었나이다" (시 119:11).

예수님은 사역을 시작하시기 전에 마귀에게 시험을 받으셨습니다. 40일 금식을 마치시고 난 뒤, 돌을 떡으로 만들라는 먹는 것에 대한 시험, 높은 데서 뛰어 내리면 천사가 받아 줄 것이며 그러면 많은 사람이 박수치고 높일 것이라는 명예 시험, 마귀에게 한 번만 절하면 온 천하를 주겠다는 권력의 시험이었습니다.

예수님은 어떻게 그 시험에서 승리하셨습니까? 무슨 특별한 방법이 있었습니까? 그렇지 않습니다. 무슨 무기라도 들고 계셨나요? 아닙니다. 늘 마음에 간직하셨던 하나님의 말씀으로 확실하고 완벽하게 마귀를 물리치셨습니다.

주님은 성경을 잘못 인용하는 마귀를 향하여 구약의 바른 말씀을 인용하심으로, 시험을 이겨내셨습니다.

성경 말씀을 외우면 무슨 유익이 있습니까? 가장 중요한 것은 우리 마음을 그 말씀이 붙잡아 준다는 것입니다. 그리고 어떤 상황이 벌어질 때마다 그 말씀이 생각나서 지혜를 얻게 됩니다. 또한 하나님의 말씀이 영양분처럼 우리 영혼 속에 녹아 믿음이 되고 소망과 은혜가 됩니다.

은혜로 받는 구원에 관한 중요한 구절들을 암송하십시오. 흔들리는 세상에서 우리를 붙잡아 주는, 믿음에 확신을 주는 구절들을 외우십시오. 우리를 향한 하나님의 사랑과 공급과 인도하심에 관한 구절들을 외우십시오. 두렵고 실망할 때마다 용기를 북돋우는 구절들을 외우십시오. 반복하는 수밖에 없습니다. 무슨 뾰족한 수가 없을까 하고 찾지 마십시오. 적어서 들고 다니며 외우고 항상 눈에 띄는 곳에 붙여 놓으십시오. 운전하면서도 외우고, 외운 것을 가족이나 다른 사람에게 말해보십시오. 마음에 담은 하나님의 말씀이 위험에서 지키는 방패로, 영적 전쟁에서 이기는 무기가 됩니다.

6. 예수 그리스도를 중심으로 읽기

성경의 주인공은 예수 그리스도이십니다. 예수님이 빠진 성경은 마치 생명 없는 마네킹 같아서 모양은 멋지지만 죽은 것입니다. 구약은 예수님께서 메시아로 이 땅에 오실 것을 그림자와 상징으로 보여 주는 예언의 책이고, 신약은 예언의 성취로 우리에게 오신 예수님의 삶과 사역을 보여 주는 책입니다. 거기에 있는 수많은 비유와 상징들이 대부분 예수님과 관련되어 있습니다. 예수님이 성경의 마스터 키가 되십니다.

선교사 스탠리 존스는 아프리카 대륙을 여행하면서 180파운드나 되는 책 보따리 뭉치를 가지고 떠났습니다. 선교지에 들어가면 책을 구하기가 어렵다는 것을 알았기 때문입니다. 그러나 300마일 쯤 지나면서 짐이 너무 무겁게 느껴졌고, 아까운 책들을 많이 버려야 했습니다. 여행이 계속되면서 그의 짐 보따리는 점점 더 가벼워졌고, 나중에 남은 책은 성경 한 권뿐이었습니다. 그는 그 여행 중에 성경을 세 번 통독했다고 합니다.

사단은 성도들이 성경과 기도를 사랑하는 것에 신경을 곤두세우고 있습니다. 그들은 주먹이 강하고 권력있는 사람보다, 기도하면서 성경 말씀대로 사는 그리스도인을 더 두려워합니다. 이런 경고판을 본 적이 있습니까?

경고 – 성경을 읽는 것은 습관이 된다. 성경을 규칙적으로 읽으면 걱정이 떠나고, 거짓말과 속임수, 미움이 사라진다.
증세 – 사랑과 평안, 기쁨과 동정의 마음이 생긴다. 너무 가까이 하지 않도록 주의하라! 마귀 씀.

"일찍 일어난 어느 아침이었다.
서둘러서 하루 일과를 시작했다.
너무 할 일이 많아서, 기도할 시간이 없었기 때문이다.
주변에 일들이 자꾸 엉키고, 일마다 힘이 들었다.
하나님은 왜 나를 도와주지 않으실까? 하고 생각했다.

주님이 말씀하셨다. '너는 내게 구하지 않았다!'
하나님의 도우심을 받으려고 애를 썼다.
잠긴 문을 열려고 가진 열쇠를 다 사용했다.
하나님이 부드럽게 꾸짖으셨다.
'왜 두드리지 않느냐?'

기쁨과 멋진 일을 기대했지만,
하루 종일 피곤하고 짜증스러웠다.
왜 이렇게 지내야 하는지 주님께 물었다.
주님께서 말씀하셨다. '너는 나를 찾지 않았다!'

오늘 아침에도 일찍 일어났다.
하루 일과를 시작하기 전에, 할 일은 여전히 많지만
시간을 내서 엎드려 기도했다."

어떻게 기도할까?

하나님께서는 하나님의 감동으로 쓰여진
성경을 통해서 말씀하시고
우리는 기도로써 하나님께 말합니다.

쌍방이 말을 주고 받는 것이 대화인 것처럼,
바른 기도는 하나님의 말씀을 듣는 것과
우리가 말하는 것이 잘 조화되어야 합니다.

| 믿음 · 성경 · **기도** · 예배 · 전도 · 헌금 · 봉사 · 유혹 · 고난 · 인도하심 |

빌립보서 4장 6~7절
"아무것도 염려하지 말고 오직 모든 일에 기도와 간구로, 너희 구할 것을 감사함으로 하나님께 아뢰라 그리하면 모든 지각에 뛰어난 하나님의 평강이 그리스도 예수 안에서 너희 마음과 생각을 지키시리라."

예수를 믿고

교회에 다니면 누구나 기도해야 한다는 것을 압니다. 그런데 막상 기도하려고 하면 무얼 어떻게 해야 할지 모르는 사람들이 많습니다. 그래서 조용히 눈을 감고 있거나 딴 생각을 하는 사람도 있습니다.

저의 형님은 늦게 예수님을 믿었는데 기도를 배운 적이 없어서 예배 중에 대표 기도가 끝나면 언제 아멘을 말해야 하는지 몰랐습니다. "예수님의 이름으로 기도합니다"라는 비슷한 말만 나오면 '아멘'을 하라고 가르쳐 드렸더니, 그 다음 주일에 그렇게 했답니다. 그런데 어느 날 제게 전화가 왔습니다. "네 말대로 그렇게 했더니 딱 맞더라. 그런 건 진작 가르쳐줘야지!" 기도 중에 마지막 말만 기다렸다고 합니다.

언젠가 작은 모임에서 한 사람에게 식사 기도를 청했는데, 그는 개인적으로 기도한 일이 별로 없고, 더욱이 여러 사람 앞에서는 기도해본 적이 없는 사람이었습니다.

"사랑하시는 하나님 아버지, 이 좋은 음식을 사모님께서 차려주셔서, 감사합니다. 모두 건강하게 해 주십시오." 그리고 어떻게 끝을 맺을지 모른 것입니다. 결국 그는, "이상과 같이 기도했습니다. 안녕히 계십시오!"라며 기도를 끝내려 했습니다. 마침 제가 바로 곁에 있었기 때문에 "예수님의 이름으로 기도합니다"라고 고쳐 주었지만, 웃음이 나오는 것을 간신히 참았습니다.

대부분 교회의 예배 시간에는 한 사람이 회중을 대신해서 기도하는 순서가 있습니다. '대표기도' 입니다. 보통의 경우 장로나 집사가 나와서 기도하는데, 어떤 때는 어찌나 길고 지루한지 눈을 떴다 감았다 하는 사람도 있습니다. 어느 날, 저녁 예배시간에 한 집사가 약 17분 가량 대표기도를 했습니다. 기도가 너무 길어서 나도 답답하여 눈을 살짝 떠보니 회중의 대부분이 눈을 뜨고 있었고, 기도하는 사람만 눈을 감고 기도하고 있었습니다. 그날 이후, 그 집사는 여러 교인들의 눈총을 받아서 곤욕을 치뤘습니다.

얼마 전, 어느 수양회에서 설교를 마치고 늦은 밤에 숙소에서 자려고 하는데, 밖에서 기도하는 소리가 들렸습니다. 어느 중년 부인의 목소리였습니다. 기도의 내용은 자신의 지난 날의 고생과 서러움을 쏟아놓는 끝없는 하소연이었습니다. 억울하고 분해서 살 수 없다는 등의 내용인데, 새벽까지 그 눈물의 하소연 때문에 그날은 잠을 설쳤습니다. 물론 우리의 기도에는 한 맺힌 것과 슬픔을 쏟아 놓는 부분도 있지만, 새벽내내 그런 것만을 외치는 것이 제대로 드리는 기도일까요?

왜 기도해야 합니까?

보이지 않는 하나님과 영적인 사귐을 갖기 위해서 기도는 필수적입니다. 하나님은 영이시므로 기도라는 통로로 대화합니다. 대화는 일방적이 아니라 쌍방적인 것이 정상입니다. 기도도 마찬가지입니다.

유혹에 빠지지 않으려면 깨어서 기도해야 합니다. 엉뚱한 생각에 사로잡혀 있다가는 자신도 모르는 사이에 함정에 미끄러져 들어갑니다. "시험에 들지 않게 깨어 있어 기도하라 마음에는 원이로되 육신이 약하도다 하시고"(마 26:41). 기도하는 자는 유혹에 빠지지 않습니다.

기도는 우리의 소원을 이루는 길입니다. "구하라 그러면 너희에게 주실 것이요 찾으라 그러면 찾을 것이요 문을 두드리라 그러면 너희에게 열릴 것이니"(마 7:7). 구하고, 찾고, 문을 두드리라고 말씀하십니다. 기도는 하나님의 복을 받는 통로 중에 하나입니다. "너희가 악한 자라도 좋은 것으로 자식에게 줄 줄 알거든 하물며 하늘에 계신 너희 아버지께서 구하는 자에게 좋은 것으로 주시지 않겠느냐"(마 7:11). 아무리 가난한 아버지라도, 가난한 엄마라도 자녀가 원하는 것은 할 수만 있으면 좋은 것으로 주려고 하지 않겠습니까? 하나님께 기도하고 간구하면 하나님께서 좋은 것을 주신다고 하셨기 때문에 복을 받는 통로가 곧, 기도라는 것입니다.

기도는 하나님의 능력을 체험하게 합니다. "이러므로 너희 죄를 서로 고하며 병 낫기를 위하여 서로 기도하라 의인의 간구는 역사하는 힘이 많으니라"(약 5:16). 병든 자가 고침을 받고 하나님의 기적을 보게 됩니다. 결국 신앙 생활을 제대로 하려면 성실하고 올바른 기도 생활부터 점검해야 합니다.

기도에 대한 오해
기도는 말 잘하는 사람만 해야 하는 게 아닐까?

아닙니다. 어린아이의 엉성한 기도나 심지어 벙어리의 말없는 가슴앓이 속의 기도도 하나님께서는 들으십니다. 하나님께서 우리의 속마음을 아시기 때문에 그렇습니다. 너무 말을 잘 하는 기도를 듣다 보면, 기도는 듣지 않고 "그 사람 되게 말 잘하네!" 하는 생각을 하게 됩니다. 그러나 어떤 때는 말 못하고 떠듬거리는 그 기도가 얼마나 진실하게 느껴지는지 모릅니다.

기도는 사람들이 들으라고 하는 웅변이 아니고, 가르치려고 하는 훈계도 아닙니다. 어떤 아이가 건너 방에서 큰 소리로 "하나님, 자전거를 꼭 사 주세요" 라고 소리치며 기도했습니다. 그러자 옆에 있던 형이 나무랍니다. "기도하는데 왜 그렇게 소리를 지르니? 귀가 아프잖아." 그러자 동생이 대답했습니다. "안방에 있는 아빠가 내 기도를 들어야 사 주시니까 그렇지!"

기도는 일방적인 청탁의 통로가 아닙니다. 기도 중에 "주시옵소서!"를 너무 많이 하는 것은 미숙한 기도입니다. 잠언서에는 늘 달라고만 하는 기도에 대하여 비유적으로 이렇게 지적합니다.

"거머리에게는 두 딸이 있어 다고 다고 하느니라" (잠 30:15).

항상 무언가 달라고만 하는 것은 마치 남의 피를 빨아먹는 거머리와 같다는 것입니다.

기도는 영이신 하나님과의 대화 방식입니다. 하나님께서는 하나님의 감동으로 쓰여진 성경을 통해서 우리에게 말씀하시고, 우리는 기도로 하나님께 말합니다. 쌍방이 말을 주고 받는 것이 대화이듯이, 바른 기도는 하나님의 말씀을 듣는 것과 우리가 말하는 것이 잘 조화된 것입니다. 전화할 때를 생각해보십시오. 일방적으로 자신의 말만 쏟아 놓는 것은 연설이나 웅변일 뿐입니다.

기도는 아버지 등에 업힌 아이가 아빠의 귀에 들리도록 "아빠, 사랑해요!"라고 고백하는 것과 같고, "아빠, 장난감 사 주세요!"라는 애교 섞인 간청과도 같습니다. 장난감을 받은 날은 너무 좋아서 아빠에게 매달리며 "감사합니다!"를 외치는 것일 수도 있습니다. 이것이 모두 기도입니다.

어떤 때에는 구약의 야곱처럼 생명의 위협 앞에서 긴장이 감도는 영적인 씨름과도 같은 기도를 할 수 있습니다.

"하나님, 저에게 축복하지 않으시면 저는 떠날 수 없습니다. 하나님이 돕지 않으시면 저는 죽습니다!" 그것은 깊은 계곡 낭떠러지에서 밧줄에 매달린 사람이 위를 향해서 구해 달라고 외치는 절규일 수도 있습니다. 이렇게 기도는 여러 형식을 갖지만 결국 하나님과의 대화라는 특징이 있습니다.

기도를 배워야 합니다. 말하는 법만 아니라 듣는 법도 배워야 합니다. 예수님의 제자들은 전도하는 것이나 섬기는 것을 예수님을 통해서 보고, 듣고, 배웠는데, 특히 기도에 있어서는 주님께 가르쳐 달라고 요청했습니다. 그때 가르쳐 주신 것이 마태복음 6:9~13의 "주기도문"입니다. 주기도문이 하나의 모범이 되지만, 주기도문만을 100번, 1000번 되풀이한다고 해서 좋은 기도가 되지는 않습니다.

무엇을 기도해야 할까요?

첫째, 하나님을 찬양하십시오.

거룩하신 하나님, 생명의 근원이신 하나님, 우리의 삶과 죽음의 주인되시는 하나님 등, 하나님의 속성에 대해서 인정하며 기도를 시작하는 것이 좋습니다. 하나님의 권능과 사랑과 은혜를 입으로 시인하는 것입니다. 그런 말이 잘 안 나올 때에는 찬송을 한

곡 부를 수 있습니다. 음정이 틀려도 괜찮습니다. 하나님은 음정이 틀린지 맞는지를 감독하는 음악선생이 아니십니다. 마음의 진실함을 보시는 분입니다. 멜로디를 모르거나 주변에 사람들이 많아서 소리내어 부르기 어려울 때는 가사만을 읽어도 좋습니다. 찬송가의 내용 중에 참 아름다운 것이 많습니다. 평생에 우리가 한 번도 부르지 못한 찬송가가 얼마나 많은지 아십니까?

둘째, 하나님께 감사드리는 것입니다.

구원하신 은혜, 위험에서 보호하신 은혜, 필요한 것을 공급해 주신 은혜, 좋은 가정과 직장과 교회를 주신 은혜, 병을 고치시고 건강을 주신 은혜 등 헤아릴 수 없이 많은 하나님의 사랑에 감사하십시오. 연습이 되면 감사할 것이 얼마나 많은지 모릅니다. 당장 감사한 내용을 적으라고 하면 적을 것이 없는 것 같습니다. 불평만 생각납니다. 그러나 감사를 훈련하면 많은 제목들이 생깁니다. 감사가 많은 기도일수록 신앙 성장에 유익하고 기도 응답이 빠릅니다. 마치 기름을 많이 넣어서 잘 돌아가는 기계처럼 신앙생활이 훨씬 힘있고 매끄럽습니다.

셋째, 하나님께 자백하십시오.

경건하게 살지 못한 것에 대한 자백, 손과 발과 눈과 마음으로 지은 죄에 대한 자백, 하나님의 말씀을 불순종한 것에 대한 자백, 기도하지 않고 복음을 전하지 않은 불충성에 대한 자백, 이런 자백을 해보았습니까? 안 믿는 사람을 일주일 내내 만났는데 한 번도 전도하지 못했습니다. 그것을 회개한 적이 있습니까? 그런 것들 모두 다 해당됩니다. "내가 이번 달에는 수입이 더 많았는데, 나만을 위해서 썼습니다." 이런 것을 자백해보았습니까? 아내(남편)에게 사랑한다고 표현하고 말할 수 있었는데 한번도 하지 않았던 것을 회개한 경험이 있습니까? 마음에 품은 미움과 시기와 음란에 대한 자백 등 많은 것을 주님 앞에 자백하고 버려야 할 것입니다. 자백하지 않는 것은 안경이 더러워져서 앞이 잘 안 보이는 것과 같습니다. 기도가 안 됩니다. 진정한 자백은 죄를 인정할 뿐만 아니라 그 죄에서 떠나는 것입니다.

"자기의 죄를 숨기는 자는 형통치 못하나 죄를 자복하고 버리는 자는 불쌍히 여김을 받으리라" (잠 28:13).

넷째, 하나님께 중보하십시오.

아직 믿음을 갖지 못한 사랑하는 가족과 친구들을 위해서, 나라의 통치자와 지도자들을 위해서, 영적인 지도자가 되는 교회 목회자와 사역자들을 위해서, 고통받는 이웃들을 위해서, 병들고 약하고 가난한 자들을 위해서, 북한 등 공산권에서 신앙의 자유를 갈망하는 이들을 위해서, 어려운 선교지에서 불편과 위험을 무릅쓰고 전도하는 선교사들을 위해서, 그리고 교회와 직장과 가정과 학교를 위해서 기도하십시오. 그렇게 기도하다 보면 중보기도가 제일 길어질 수밖에 없습니다.

다섯째, 개인의 문제를 하나님께 간구하십시오.

이것은 주로 자신과 관련된 문제를 하나님께 구하는 것입니다. 이것은 하나님을 향한 우리의 부르짖음입니다. 자신의 건강과 학업과 직업과 봉사와 장래를 위해서 기도하고, 개인적으로 도움이 필요한 것에 대하여 사실대로 고하십시오. 병든 분은 완쾌를 위해서, 경제적인 도움이 필요하면 공급을 위해서, 믿음의 성장과 사역의 열매를 위해서 기도하십시오.

앞의 다섯 가지 내용을 정리해보면 찬양, 감사, 자백, 중보, 간구입니다. 이 내용의 첫 글자를 따서 합하면, '찬감자중간' 이 됩니다. 뜨거운 감자가 아닙니다. 외우기가 쉽습니다. 이 순서는 바뀌어도 되지만 내용을 잊지 마십시오. 어떻게 기도할지 모르는 분들은 앞에서 말한 첫 글자를 마음에 기억하고 기도해보십시오. 기도할 수 있습니다!

기도를 마무리할 때 "이 모든 말씀을 예수님의 이름으로 기도합니다"라고 말하는 것은, 모든 것을 다 구한 다음에 예수 그리스도를 통해서만 이 모든 것이 가능하다는 것을 인정하는, 문서 밑에 붙이는 서명과도 같습니다. 하나님은 독생자 예수님의 이름을 의지하는 자의 기도만 들으십니다.

어떤 낯선 아이가 집에 찾아와 무언가를 요구합니다. 그런데 아이가 쪽지 한 장을 내놓습니다. "아빠, 내 친구에게 그걸 주세요. 아들 올림." 이렇게 써 있다면 거절하지 못할 것입니다. 그것은 자기 아들의 요구나 마찬가지이기 때문입니다.

언제 기도하면 좋을까요?
아침에 깨어나면 "하나님, 잘 잤습니다"라고 기도하십시오. 아침이 되었는데도 눈을 뜨지 못하는 사람들이 얼마나 많은지 아십니까? 잠들기 전에 기도하십시오. 하루를 주님과 함께 시작하고 마쳐 보십시오. 식사가 준비되었을 때, 허겁지겁 먹지 말고 감사기도를 하십시오. 개는 기도하지 않습니다. 먹이를 가져다 줘도 돼지는 기도하지 않습니다. 평생 동안 먹이를 줘도 기도하지 않습니다.
식당에 가면 어떻습니까? 어떤 사람은 사람들이 많은 식당에서 기도하면 눈에 띌까 봐, 눈만 잠시 비빈다고 합니다. 어떤 사람은 코를 만지면서 맘 속으로, "감사합니다!"라고 말한다고 합니다. 그것도 급하니까 손도 안 올라가고 눈만 꾸벅 감고 2초 동안 기도하는 것을 보았습니다. 왜 기도하는 것이 그렇게 부끄럽습니까!

중요한 결정을 내리거나 선택을 해야 할 때 하나님께 엎드려 기도하십시오. 결혼 문제나, 위기 상황에서 도움이 필요할 때 기도하십시오. 그때 소리 지르며 기도하십시오. 즐겁고 감사한 일이 있을 때도 기도하십시오. 하나님께 요청만 하고 하나님이 응답하셔서 좋은 것을 받을 때, "야, 잘됐다" 그러면서 그냥 넘어가지 마십시오. 감사기도를 하십시오. 남의 집을 방문했을 때에는 짧게나마, 축복의 기도를 하십시오. 만일 그 집에서 복을 받지 않으면 그 복이 자신에게 돌아옵니다. 일하거나 운전하거나 걸으면서 눈을 뜬 채로 마음으로 늘 기도하십시오.

"모든 기도와 간구로 하되 무시로 성령 안에서 기도하고 이를 위하여 깨어 구하기를 항상 힘쓰며 여러 성도를 위하여 구하고"(엡 6:18).

참 신기하게도 성경에는 눈감고 기도하지 않으면 듣지 않으신다는 말이 없습니다. 그런데 왜 눈을 감고 기도할까요? 사람들과 주변이 의식되어 기도에 집중하기 어렵기 때문입니다. 운전할 때는 어떻습니까? 저는 차 안에서 기도를 많이 하는 편입니다. 차 안에는 혼자뿐이므로 소리 지르면서 기도합니다. 골방이 아니라 "골차"라고 할 수 있습니다. 아무도 듣는 사람이 없으니 참 좋습니다. 한번 해보지 않겠습니까?

기도가 다 끝났으면 찬송을 부르십시오. 누가 그러는데, 틀린 가사로 부르면 하나님께서 다 고쳐 들으신다고 했습니다. 성령 안에서 무시로 쉬지 말고 기도하라는 말씀이 있습니다. 무의식 중에도 성령 안에서 기도가 이어지는 삶이 아름답습니다.

무디는 이렇게 말했습니다.

"기도하고 싶을 때 기도하라. 그러나 기도하고 싶지 않을 때 더욱 기도하라. 왜? 지금이 가장 위험한 때이기 때문이다."

기도할 때 일반적으로 주의할 점들

첫째, 너무 형식적인 말을 되풀이하지 마십시오. 예를 들어 "사랑하는 아버지"라는 단어도 너무 많이 되풀이하면 그 진실한 의미를 상실합니다. '정말로', '참말로' 같은 표현도 너무 반복하면 듣기에 거북합니다. 기도는 말이 많은 데 있지 않고, 그 진실함과 간절함에 힘이 있습니다.

둘째, 진실된 의미도 없는 습관적인 단어 사용에 주의하십시오. 기도할 때 이런 사람이 많습니다. "우리의 생사화복을 주장하시고, 거룩하시고 은혜로우시고 전능하시고 사랑하시는 하늘에 계신 하나님…." 내용은 맞지만 너무 수식어가 많다 보면 진실성이 떨어집니다. 어느 장로님의 대표기도는 서론이 길어서 스스로가 헷갈리는 것을 봤습니다. 틀린 말은 아닌데 그렇게 너무 꾸미지 말라는 것입니다. 그보다는 오히려 "우리를 사랑하시는 하나님"이나 "거룩하신 하나님" 또는 "살아계신 하나님" 등 진실하게 기도하는 것이 좋습니다.

셋째, 사람이 듣게 하려고 꾸미지 마십시오. 옆에 있는 사람이나 회중이 들으라고 멋지게 꾸미다 보면 위선자의 기도가 됩니다. 바리새인의 기도에 그런 것들이 많았습니다. 유식한 기도가 되려고 애쓰지 마십시오. 유창한 기도보다는 겸손한 기도가 더 좋습니다.

넷째, 기도하는 것을 과시하지 마십시오. 예수님은 기도할 때 골방에서 아무도 모르게 하라고 가르치셨습니다. 골방은 아무도 없는 곳을 말합니다. 제가 아는 분은 식구가 많기 때문에 골방이 없었습니다. 그런데도 항상 골방 기도를 하는 것입니다. 어디서 하는지 아십니까? 아파트에 사는 그분은 기도할 때마다 붙박이장 속에 들어간답니다. 붙박이 장의 옷들은 한쪽으로 밀어놓고 앉아서 한두 시간 정도 혼자 기도하고 나온다고 합니다.

기도를 많이 한다고 은근히 자랑하는 사람은 그만큼 기도의 힘을 상실한다는 것을 기억하십시오. 칭찬을 들으면 이미 상을 받았으므로 하늘에서는 상급이 없습니다. 기도는 조용히 조심스럽게 해야 합니다. 특히 금식기도의 경우에는 더욱 사람들에게 드러나지 않게 하십시오.

다섯째, 기도하고 교만해지지 않게 주의하십시오. 열심히 기도하는 사람들 중에 가끔 기도하지 않는 다른 사람들을 비난하거나 공격하는 것을 볼 수 있습니다. "나는 기도를 열심히 하는데, 도대체 저 사람은 언제 기도할까?" 자신을 빼놓고 다른 사람들은 기도를 열심히 안 한다고 생각합니다. 바리새인들과 서기관들이 기도를 안한 사람들입니까? 기도했습니다. 일주일에 2번씩 금식기도를 했던 사람들입니다. 하지만 예수님께서는 그들의 기도를 듣지 않으셨습니다. 그런데 세리의 기도는 들으셨습니다. 세리는, "나는 죄인입니다. 불쌍히 여기십시오." 그 말 밖에는 한 것이 없습니다.

기도할 때 조심하십시오. 어떤 사람은 41일을 금식기도하고, 예수님보다 하루 더 했다고 자랑하는 죄를 범했습니다.

여섯째, 거짓된 기도를 피하십시오. 용서를 말하면서 용서하지 않거나, 순종과 헌신을 말하면서 불순종하는 것은 위선이요, 거짓입니다. 기도로 약속하고 지키지 않는 것과, 하나님의 뜻을 분별하지 못하는 기도는 소용이 없습니다. 마음에도 없는 말을 기도하거나, 양심에 거리낌이 되는 기도는 하지 않는 것입니다. 건성으로 기도하고서 "간절히 기도합니다"라고 맺는 것도 이상합니다. 기도하는 대로 살고, 삶이 기도가 되는 것이 가장 중요합니다.

기도의 응답

기도할 때 즉시 "예!"(Yes)일 때가 있습니다. 하나님의 뜻에 맞고, 때에 맞는 기도이므로 즉각 응답되는 것입니다. 엘리야가 우상 숭배자들과 싸울 때 불을 내려달라고 기도했는데, 하늘에서 즉시 불이 쏟아졌습니다. 광야에서 이스라엘 백성이 배고파할 때 하나님은 만나와 메추라기를 풍성하게 주셨습니다. 바울과 실라가 감옥에서 기도할 때 지진이 나면서 옥문이 열리는 사건이 있었습니다. 어떤 기도는 기도가 입에서 떨어지자마자 응답을 받기도 합니다.

또 하나는 "아니오!"(No)입니다. 아무리 간구해도 하나님께서 응답하지 않으시는 경우입니다. 사도 바울은 자기 몸의 병이 낫기를 간구했지만, "내 은혜가 네게 족하다"고 하시며 하나님께서는 고쳐 주지 않으셨습니다. 바울은 일생 동안 몸에 질병을 가지고 살았기 때문에 교만하지 않고 항상 엎드렸습니다. 항상 하나님만 바라보았습니다. "안돼"라는 응답이 그에게는 큰 힘이 되었다는 것입니다. 모세가 가나안에 들어가기를 구했지만 하나님은 그만하면 족하다고 하시며 허락하지 않으셨습니다. 하나님께서 우리의 요구대로 다 들어주지 않으시는 것이 오히려 나중에 보면 복이 되기도 합니다.

마지막으로, "아직"(Not yet)입니다. 아직 때가 되지 않아서 기다려야 하는 경우입니다. 부모는 어린 자녀들의 많은 요구를 들었을때 거절과 기다림을 잘 조절해야 합니다.

초대 교회 때부터 예수님의 재림을 기다렸지만 아직 때가 되지 않았기 때문에 우리도 기다려야 합니다. 확실한 거절이 아니라면 응답될 때까지, 평생 그 기도를 중단하지 않아야 합니다.

개인 기도에 있어서 기억해야 할 10가지

첫째, 자연스럽게 기도하십시오. 거룩한 자의 흉내를 내는 것처럼 음성을 바꾸거나, 틀에 박힌 말보다는 자연스런 표현이 낫습니다. 그렇지만 하나님께 대한 것이므로 최고의 공대어를 사용하는 것이 좋습니다. 기도가 생활이 되도록 하려면 평소에 늘 기도하는 습관을 가져야 합니다. 쉬지 말고 기도하라고 예수님께서 말씀하셨습니다. 저는 처음에 그게 참 이해가 안 되었습니다. 어떻게 쉬지 않고 기도하나? 음식도 먹어야 하고, 잠도 자야 하고, 해야 할 다른 일도 많은데 어떻게 이것이 가능할까요?

　기독교 잡지에 실린 글을 읽고서 고개를 끄덕였던 적이 있습니다. 남의 집에서 도우미 일을 하던 한 자매가 '나는 쉬지 않고 기도해요'라는 제목으로 쓴 글입니다.

_아침에 깨어나면,
"하나님, 오늘도 내가 하나님과 함께 살게 해주세요."
_옷을 입으면서,
"하나님, 예수님의 의의 옷도 입게 해주세요."
_얼굴을 씻으면서,
"얼굴만 씻지 말고 마음도 씻게 해주세요."
_부엌에 들어가 일을 하면서,
"그릇을 닦는 것처럼 저의 생활도 깨끗이 닦게 해주세요."
_아기를 돌보면서,
"내가 다른 사람을 위해 기도하게 해주세요."
_잠자리에 들면서,
"하나님, 내가 편안하게 안식하게 해주세요."

　읽기만 해도 정말 하루 종일 기도가 되겠다는 생각을 했습니다. 자연스러운 기도라고 생각되지 않습니까?

둘째, 하나님의 말씀을 기억하며 기도해야 합니다. 어떤 분이 대표기도 하는 것을 보면, 성경을 읽는 사람인지 아닌지 조금은 분별이 됩니다. 성경을 많이 마음에 두고 기도하면 성경에 합당한 기도들을 할 수 있기 때문에 그렇습니다. 말씀을 듣지 않으면 기도가 가증스러워집니다.

셋째, 진실하고 정직하게 기도하십시오. 우리의 마음은 부패하기 쉽습니다. 사과와 귤을 먹고 껍질을 집에 있는 휴지통에 버리면 며칠 지나지 않아, 과일 껍질들이 휴지통 안에서 시커멓게 썩어 있습니다. 우리의 마음이 그렇습니다. 예수를 믿지만 신선함이 사라지고, 악취가 날 수 있습니다. 위선적이며 이중인격적인 기도는 예수님의 책망을 듣습니다.

넷째, 하나님께서 들으신다는 믿음으로 염려하지 말고 기도하십시오. 염려가 생기면 마음에 먹구름이 생깁니다. 컴컴해지고, 앞뒤가 보이지 않습니다. 헤매기 쉽습니다. 염려는 우리 마음을 잡초로 뒤집어 씌우는 것과 같아서 밝은 빛을 막고 곰팡이가 생기게 합니다. "하나님, 염려를 주께 맡깁니다." 그렇게 하나님께 기도하십시오!

다섯째, 마음에 죄를 품고 드리는 기도는 응답되지 않는 헛된 기도일 뿐입니다. 죄는 하나님과 기도자 사이에 담을 쌓는 것같이 그 사이를 가로 막습니다. 당연히 기도가 드려지지 않습니다. "내가 그들의 행위와 사상을 아노라 때가 이르면 뭇 나라와 언어가 다른 민족들을 모으리니 그들이 와서 나의 영광을 볼 것이며"(사 66:18).

먼저 죄를 자백하고 용서받은 믿음으로 기도하십시오. 특히 가정에서 부부싸움을 한 후, 각자 방에 들어가 기도해보십시오. 기도가 되던가요? 안 된다고 성경에 써 있습니다. 마음속에서 화가 막 치밀어 오르고, 분노가 있고 억울함이 있을 때 기도해보십시오. 기도가 되던가요?

미안하다고 먼저 말해야 합니다. 말로 하든, 눈으로 하든, 표정으로 하든, 미안하다고 해야 합니다. 하나님께 용서를 빌고, 죄를 자백해야 됩니다. 음란한 생각과 미움, 분노를 마음 가득 품은 채, 헛된 기도를 드리는 시간 낭비를 더 이상 하지 마십시오.

"내가 나의 마음에 죄악을 품었더라면 주께서 듣지 아니하시리라" (시 66:18).

여섯 째, 끈기있게 꾸준히 기도하십시오.

질병으로 고생하지만 하나님께 끈질기게 기도하고 매달려 고침을 받은 사람들이 있습니다. 특히 누군가 구원받아야 할 때를 기다리며 하는 중보는 평생 포기하지 않고 기도하는 것이 중요합니다. 몇 년씩 기도해도 끄덕도 하지 않습니다. 점점 더 마음이 돌맹이처럼 단단해지고, 차라리 포기하는 것이 현명하다고 사단이 속삭입니다. 할 일도 많은데 그만 기도하라고 합니다. 그렇지만 포기하지 마십시오.

저를 통해서 예수를 믿은 동료 한 사람은, 자신의 아버지를 위해서 기도했습니다. 아버지의 나이가 연로하여 굳어진 마음이 움직여지지 않았습니다. 그런데 이 분이 병으로 죽게 되었습니다. 그런데도 예수를 안 믿으려고 했습니다. 제게 전화가 왔습니다. "우리 아버지가 아마 오늘, 내일 돌아가실지도 모릅니다. 한번만 와 주십시오."

방에 들어가니, 환자가 누워 있는 곳에서 송장 냄새가 났습니다. 이미 하반신이 썩어가고 있었습니다. 제가 그분을 끌어 안았습니다. 볼 수도 없고 감각도 사라졌는데 들을 수는 있었습니다. 귀만 열려 있어서 귀에 대고 말씀을 전했습니다. 다른 이야기는 안하고 금방 돌아 가실지도 모르니까 복음만을 전했습니다. 환자가 듣고 눈동자로 '아멘'을 했습니다. 잠시 후 얼굴에 미소를 지었고, 제가 그곳을 떠난 지 몇 시간 후에 그분은 돌아가셨습니다. 마지막까지 절대 포기하지 마십시오. 기도의 힘이 언제 나타날지 모르기 때문입니다. 어느 누구도 포기하지 말고 끝까지 기도하십시오.

"항상 기도하고 낙망치 말아야 될 것을 저희에게 비유로 하여" (눅 18:1).

일곱째, 겸손한 자의 기도가 응답됩니다.

교만한 자는 기도하지 않습니다. 자기 스스로 뭐든지 다 할 수 있다고 생각합니다. 그런데 기도하면서도 교만한 자가 있습니다. 마치 하나님께 명령하는 것처럼, 지시하듯이 기도하는 것입니다.

하나님은 교만한 자를 물리치십니다. 자신을 낮출수록 주님께서 높아지십니다. 한 백부장이 자기 부하가 중병에 걸렸을 때 "말씀만 하시면 낫겠습니다"라고 했던, 바로 그 겸손의 자세가 필요합니다.

"그러나 더욱 큰 은혜를 주시나니 그러므로 일렀으되 하나님이 교만한 자를 물리치시고 겸손한 자에게 은혜를 주신다 하였느니라" (약 4:6).

"주 앞에서 낮추라 그리하면 주께서 너희를 높이시리라" (약 4:10).

여덟째, 절실할 때는 금식하며 기도하십시오.

금식하며 기도해본 일이 있습니까? 음식을 먹어도 돌처럼 느껴져 넘어가지를 않습니다. 너무 간절하기 때문에 그런 것입니다. 금식기도는 특별한 힘이 있어서, 어려움을 이길 수 있습니다.

초대 예루살렘 교회는 첫 선교사를 파송하기 전에 온 성도가 금식하고 기도하였습니다. 금식은 일정한 기간 음식을 먹지 않을 뿐 아니라, 오락을 금하고 기도에 전념하는 것입니다. 그래서 금식 기도원을 갈 때가 있습니다. 특별한 일, 정말 중요한 것이 있다면 하루 이틀 정도 해보십시오. 절대로 죽지 않습니다. 물을 조금씩 마시면서 한다면 도움이 됩니다. 평범하게, 남에게 과시하지 말고, 하나님께서 어떻게 도우시는가를 기대하십시오. 구약의 성도들은 국가적인 위기를 맞을 때 종종 함께 금식하며 기도했습니다.

아홉째, 매일 기도하는 시간과 장소를 정해 놓으십시오.

아무런 방해를 받지 않는 이른 새벽이나 아침, 또는 고요한 밤 시간이 좋습니다. 요즘은 아침 7-8시가 되면 자동차 소리가 얼마나 많이 들리는지 모릅니다. 소음이 조금 덜한 때, 또는 아침이 어려우면 밤에라도 고요한 시간을 만들어 보십시오. TV, 라디오 모두 다 끄고, 아이들을 재우고, 다른 가족이 잘 때 그런 조용한 시간을 만들어 보십시오.

저의 경우, 가족 모두가 예수님을 믿지 않았던 시절에는 새벽마다 뒷산에 올라갔습니다. 실컷, 찬송하고 기도하면 동쪽에 해가 떴습니다. 그리고 약수을 떠 가지고 내려왔던 기억이 있습니다. 몇 년 동안 그랬습니다. 너무 추울 때는 담요를 뒤집어쓰고 손전등을 켜 놓고서 성경을 읽었습니다. 조금만 부지런하면 아침에 일어나 성경 읽고 기도할 수 있습니다. 다윗은 외로운 산에서 하늘을 바라보며 기도한 적이 참 많았습니다.

열째, 기도 목록을 작성하고 응답을 확인하는 것입니다.

노트를 준비하여 한쪽 면에 기도 제목을 모두 기록하십시오. 하루 종일 생각한다면, 쓸 것이 가득 찰 것입니다. 기도할 때, 처음에는 노트에 기록된 내용을 보고 기도하십시오. 보고 읽는 것입니다.

그것을 한 달이나 두 달 정도 하게 되면, 외워지기 시작합니다. 외우면 쉬워집니다. 그렇게 하다가, 어느 날 기도가 응답되어 해결되면, 오른쪽 면에 응답된 기도 내용을 하나씩 표시하는 것입니다. 응답 받은 기도의 제목들이 늘어날 때마다 큰 희열이 있습니다.

기도에 관한 고전적인 책들의 저자, 바운즈(E. M. Bounds)는 기도에 관하여 다음과 같이 말했습니다.

"기도를 대신할 수 있는 것은 아무것도 없다. 기도의 능력을 믿는 사람은 많은데 실제로 기도하는 사람은 많지 않다. 기도는 모든 것 중에 가장 쉬우면서도 가장 어렵고, 가장 단순하지만 가장 숭고하고, 가장 약해 보이지만 가장 강력한 힘을 갖고 있다. 기도는 사람들이 할 수 있는 가능성의 한계를 뛰어 넘으며, 아무도 막지 못한다. 기도는 그리스도인이 평생 해야 하는 일이다. 기도는 그리스도인이 항상 배워야 하는 위대한 작업이다. 기도와 거룩한 삶은 하나이다. 기도의 골방은 게으른 사람들의 휴식처가 아니라, 영적 전쟁의 현장이요, 최전방이다. 기도의 골방은 그리스도인에게 힘을 공급하는 발전소와 같다. 그래서 기도가 짧고 허술하면 그의 신앙도 허약하고 뿌리가 얕다는 것을 의미한다. 뻣뻣하게 서 있는 자보다, 하나님 앞에 낮게 엎드린 자가 더 높은 곳을 향한다. 허둥대며 달리는 자보다, 바닥에 무릎을 꿇은 사람이 더 빨리 간다. 돌처럼 강하게 움켜쥔 두 주먹보다, 조용히 맞잡은 기도의 손이 더욱 강하다.

눈을 크게 뜨고 두리번거리는 것보다, 고요히 감은 기도의 눈이 더 멀리 본다."

다른 이들을 위해 기도하십시오. 설교자를 위해 기도하십시오. 사단과의 정면 충돌에서 승리하도록 중보하십시오. 중보기도는 전쟁터에 나간 군인을 위해서 대포로 지원 사격하는 것과 같습니다. "넘어지지 않으려면 미리 바닥에 무릎을 꿇어라!" 라는 말이 있습니다. 사단은 날뛰는 사람보다 기도의 사람을 더 무서워합니다.

아프리카 선교사 리빙스턴은 비가 쏟아지는 어느 날, 전도를 하고 집에 돌아왔습니다. 여러 번의 설교 때문에 많이 지쳐 있었는데, 마침 그때 원주민들이 와서 "한 번만 더 해 주세요. 한 번만 더 설교 해 주세요"하고 간청했습니다. 리빙스턴은 지친 몸을 이끌고 부슬부슬 비 내리는 처마 밑에서 다시 설교를 했습니다. 밤은 더욱 깊어만 갔습니다.

설교를 마친 후, 옆에서 도와주는 원주민의 팔에 의지하여 집에 돌아왔습니다. 새벽이 오고 리빙스턴이 일어날 시간이 됐는데, 아무런 기척도 들리지 않았습니다. 항상 리빙스턴을 도와주던 조수가 문을 똑똑 두드렸습니다. 대답이 없어 문을 열었을 때, 방안의 촛불은 거의 다 타서 바닥에 붙어 있었고, 리빙스턴은 무릎을 꿇은 채 숨겨 있었습니다.

  오래 전 이 책을 읽으면서, "하나님 제가 이 세상을 떠나는 날, 다른 것이 아니라 하나님 앞에서 기도하다 갔으면 참 좋겠습니다"라고 기도했습니다. 많은 사람의 소원은 조용히 자는 것처럼 죽음을 맞고 싶어 하지만, 그리스도인은 "하나님 아버지, 굽힌 무릎으로 하루를 시작하고, 굽힌 무릎으로 하루를 마무리하게 하옵소서! 주님 만나는 날에도 무릎 꿇고 만나기를 소원합니다!" 이런 기도 제목을 갖게 되면 좋겠습니다.
  기도를 실습하는 그리스도인이 되십시오.

대중 앞에서의 기도

　가능하면 내용을 함축하여 간단하게 하십시오. 어떤 분은 "내가 오래간만에 마이크를 잡았으니까"하고 너무 길게 기도를 합니다. 미리 기도 내용을 적어서 기도하는 것이 더 낫습니다. 지나치게 개인적인 것보다는 공감할 수 있는 내용을 말하십시오. 함께 아멘을 말할 수 있어야 합니다. 발음을 분명하게 하고 음성을 조절하십시오. 대표기도를 할 때는 큰 소리로 또박또박 하십시오. 설교나 훈계나 비난하는 말은 하지 말아야 합니다. "하나님 아버지, 교인들의 옷 모양이 이게 뭡니까? 그렇게 입고 예배당 오면 되겠습니까? 주께서 용서해 주시옵소서!" 이렇게 기도한다면 그것은 기도하는 것이 아니라 사람을 비난하는 것입니다.
　대중 앞에서 기도할 때는 서너 명이 모일지라도 듣는 이들에게 용기와 믿음을 갖게 하는 긍정적인 기도를 하십시오. 그래서 끝날 때 힘있게 모두가 "아멘" 할 수 있도록 기도하십시오.

4

어떻게 예배할까?

영혼의 최고급 비타민을 먹는 것처럼,
바른 예배는 우리에게 생기와 용기, 빛을 줍니다.
참된 예배자가 되기를 원한다면 보다 적극적으로
찬송하고 기도하며 설교를 경청하고
예물을 드리는 헌신이 필요합니다.

예배를 통해 지혜와 용기를 얻고 영적 싸움에
나설 때, 승리할 수 있는 힘을 얻게 됩니다.

믿음 · 성경 · 기도 · **예배** · 전도 · 헌금 · 봉사 · 유혹 · 고난 · 인도하심

요한복음 4장 24절
"하나님은 영이시니 예배하는 자가 신령과 진정으로 예배할지니라."

하나님은 영이시기

때문에 보이지 않습니다. 눈에 보이면 예배하기가 쉽습니다. 그래서 사람들은 어떤 조각품이나 물건 또는 자연 앞에서 절하는 것입니다. 그런데 하나님은 보이지 않습니다. 손으로 만져지지도 않습니다. 그러나 하나님은 인격적인 존재이시기 때문에 우리는 예배를 드릴 수 있습니다. 그것도 정해진 곳뿐만 아니라, 이 세상 어느 곳에서도 예배가 가능합니다.

우상 숭배가 무엇입니까? 돌이나 나무에 조각을 새겨 생명이 없는데 생명이 있는 것처럼 가상을 하고, 거기에 자기 삶을 드리고 도움을 청하는 것입니다. 그것은 잘못된 것입니다. 그러나 살아계신 하나님께 예배드리는 것은 실제적인 것이 됩니다. 교회의 많은 역할 가운데 남을 돕는 것은 매우 중요합니다. 그러나 예배하는 것이 가장 최우선입니다. 예배를 소홀히 하면서 다른 것들을 열심히 한다면, 그것은 교회가 제대로 역할을 못하는 것입니다. 예배를 통해 기쁨과 활력을 얻어야, 가정과 직장, 학교에서 생명력 있게 살 수 있습니다. 예배 생활의 실패는 생활 전반에 부정적인 영향을 끼칩니다.

이런 경험을 해보셨습니까? 추운 겨울 주일 아침에 자녀들을 데리고 온 식구가 서둘러서 교회로 향합니다. 교통이 불편하거나 길이 막힐 때에는 더욱 신경을 쓰게 되는 것이 주일 아침입니다. 그런데 만일 그날 예배에 늦은 데다가, 설교시간에는 졸기만 하고, 아무런 은혜없이 집으로 돌아오면, 왠지 짜증이 나고 교회 생활이 시큰둥해집니다. 반면에 힘겹게 시간에 맞춰서 교회에 갔는데, 그날 찬송이 너무 은혜로웠고, 설교는 진한 감동과 강력한 도전이 되는 말씀인 경우, 예배를 마치고 나올 때 힘과 소망이 생기는 것을 느끼게 됩니다. 최소한 일주일에 한 번이라도 은혜로운 예배를 드리면, 한 주간의 삶이 훨씬 활기찰 것입니다. 마치 영혼의 최고급 비타민을 먹는 것처럼 바른 예배는 생기와 용기와 빛을 줍니다.

예배란 무엇입니까?
예배는 개인이나 그룹이 하나님 앞에 경배하고 섬기는 행위를 말합니다. 종교마다 일정한 양식의 예배 의식이 있는데, 많은 종교가 우상에게 예배합니다. 그 앞에 정성껏 음식이나 물건을 놓고 종교 대상과 일종의 흥정을 하는 것입니다. "이만큼 비싸고 좋은 것을 바치니 나에게 맘껏 복을 내려 주십시오!"

그러나 우리가 드리는 예배는 살아계신 하나님께 드리는 산 제사입니다. 우리는 하나님의 위엄과 사랑을 찬양하고 기도 드리며, 하나님의 말씀을 듣고 예물을 드리기도 하는 그런 방법의 예배를 드립니다. 그러므로 예배는 무엇을 얻는 것이 아니라, 우리의 것을 하나님께 드리는 것입니다. 예배자는 남들이 공연하는 것을 구경하는 방청객이 아닙니다. 청취자나 객석에 있는 손님이 아닙니다.

예배 시간에 조용히 참석했다가 예배가 끝나면 마치 운동 경기장에서 관객이 밀려 나가듯이 자리를 뜨지는 않습니까? 참된 예배자가 되기를 원한다면, 보다 적극적으로 찬송하고 기도하고 설교를 경청하고 예물을 드리는 헌신이 필요합니다. 따라서 오늘 이후로는 "예배 보러 가자" 이렇게 말하지 마십시오. 그것은 "예배를 구경하러 가자"고 하는 것과 같습니다. 이제부터는 "예배 드리러 가자"로 꼭 바꾸십시오.

예배의 종류

개인적으로 하나님께 드리는 예배가 있습니다. 아침에 일어나자마자 세상이 아직 고요할 때 무릎을 꿇고 기도하며 말씀을 읽는 것입니다. 묵상의 시간이 끝날 때 주기도문을 외우면서 끝내도 좋습니다. 다니엘은 외국에 포로로 끌려가 위험한 상태였지만, 목숨을 걸고 기도하며 예배했던 사람입니다.

    구약과 신약의 많은 인물들이나 지금의 선교사들도 그들이 외지에 가서 어려움을 겪을 때 가족들이 모여서 기도하는 것을 볼 수 있습니다. 가정 예배를 드린다면, 예배의 순서를 한 명씩 맡아서 진행하는 것이 좋습니다. 예배가 있는 가정은 하나님의 도우심을 받습니다. 또 어떤 사람들은 매일 예배를 드리니까 너무 지겹다고 말하기도 하지만 나이가 들고 세월이 지난 후, 그때 예배를 드린 것 때문에 자신의 생활이 풍성해졌다고 고백하는 사람을 참 많이 만났습니다. 사랑하는 아버지들이여! 아버지는 가정의 제사장입니다. 한 달에 몇 번이라도 가족과 더불어 예배를 드리십시오. 어머니들이여! 아버지가 영적인 리더십을 가질 수 있도록 잘 도와주고 계속 격려하십시오. 기도하는 부모가 있는 가정의 아이들은 방황해도 곧 회복됩니다. 기도가 얼마나 강력한지, 결국은 돌아오게 된다는 많은 간증을 들었습니다. 기도의 줄이 끊어지지 않게 하십시오.

    가족이 드리는 예배 이외에도 소그룹으로 드리는 예배가 있습니다. 교회마다 사랑방이나 구역, 목장이라고 하는데 약 7~8명, 10명, 15명이 같이 모여서 예배를 드립니다. 함께 성경을 읽고 같이 기도하고 한 입으로 찬송하는 것은 혼자 드릴 때와는 다른 새로운 감동들이 있습니다. 함께 드리는 예배에 참석하십시오.

모든 사람들이 다 같이 모여서 드리는 공예배가 있습니다. 왜 이런 공예배가 필요할까요? 예수 믿는 사람은 홀로 사는 로빈슨 크루소가 아닙니다. 로빈슨 크루소는 외딴섬에서 혼자 지루하게 살았습니다. 하지만 평생 동안 그렇게 살지 못합니다. 또 예수 믿는 사람은 사방과 연결이 끊어진 외딴 섬이 아닙니다. 교회를 그리스도의 몸이라고 말하는데, 그것은 각 성도가 그 몸에 붙은 일부이기 때문입니다. 손이 아무리 잘났어도 발이 움직여 주지 않으면, 어느 곳에도 가지 못합니다.

"예배 드리러 교회에 갑시다"라고 말하면, "아! 나는 예수를 믿지만 집에서 예배를 드리고 싶어요. 교회에 가면 미운 사람이 많아서 싫습니다. 또 목사가 자꾸 돈 이야기하는 것 같고, 누가 뭐라고 그러는 것 같아요" 등등 별별 핑계가 많습니다. 심지어 이런 사람도 있습니다. 라디오에서 방송되는 설교를 듣는데 담임목사보다 설교를 훨씬 잘하더랍니다. 집에 누워서 예배드려도 마찬가지이며, 헌금은 수표로 써서 보내면 된다는 것입니다.

교회에 나가면 별로 모범이 되지 못하는 이상한 교인들도 많은데 그럴 바에야 서로 믿을 수 있는 가족끼리 집에서 예배하면 하나님이 안 받아 주실까요? 반기독교적인 나라나 선교지의 선교사 가족이 그런 식으로 예배를 드리기도 합니다. 그런 가족 예배라고 해서 하나님이 받지 않으시는 것은 아니지만, 그런 것에서 만족하지 말아야 한다는 것입니다. 모든 상황이 가능한데도 불구하고 다른 사람들과 어울리기 싫어서 마음에 맞는 이들과 예배를 드린다면, 주님의 기대를 벗어나는 것입니다. 그런 태도는 신앙의 성장을 가로막고 반드시 삶속에서 문제를 야기시킵니다.

예배가 우리에게 필요한 이유

하나님의 말씀을 듣고 함께 기도하고 서로 믿음을 격려하기 위해서는 공동예배가 필요합니다. 성경은 성도 각 사람이 성전 건물의 벽돌과 같다고 가르쳐 줍니다. 벽돌 하나 하나가 귀하지만 서로 어울리지 않으면 건물이 되지 않습니다. 작은 돌, 큰 돌이 같이 얽혀져서 서로 의지하고 있어야 교회가 세워져 갑니다. 그럴 때 자기 몫을 다하는 것입니다. 그리고 혼자서 하기 어려운 선한 일을 더불어 하기 위해서도 예배가 필요합니다. 혼자서는 아프리카 르완다의 어려운 사람들을 도울 수 없지만, 한사람이 조금씩 냈더니 얼마만큼이라도 도울 수 있는 것입니다.

예배를 통해서 지혜와 용기를 얻고 영적 싸움에 나설 때 승리할 수 있는 힘을 얻을 수 있는 것입니다.

그뿐 아니라 서로 세워주고 격려하는 교제를 하기 위해서도 예배가 필요합니다. 내가 지금 잘 가고 있는지 못 가는지 어떻게 알 수 있을까요? 주변의 모범적인 사람들을 보면 알 수 있습니다. 자신은 다 괜찮은 줄 알았는데, 옆에서 봉사하는 사람을 보면서, 내가 할 일이 있구나! 하고 배우는 것입니다. 다른 사람의 모습에 자신을 비추지 않는다면, 어떻게 될까요?

아이들의 동화책 내용 중에 이런 이야기가 있습니다. 잃어버린 한 어린 아이를 늑대가 산에서 돌봅니다. 그 아이가 보고 배운 것이 무엇입니까? 늑대처럼 기어다니는 것밖에 없습니다. 사람인데 늑대처럼 행동하는 것입니다.

왜 교회가 필요하고, 이웃 성도들이 필요할까요? 다 약점 많은 사람들인데, 다 허물 많은 사람들이 모이는 곳인데 말입니다. 우리는 다 허물 많은 사람들이지만 서로 보고 배울 것이 있습니다. 보고 배울 것이 없다는 사람이야말로 가장 많이 배워야 할 사람이라고 생각합니다. 독불장군(獨不將軍)으로 살지 마십시오. 서로 도움을 주기 위해서 교제가 필요한 것입니다. 기쁨을 함께 나누어 갑절이 되게 하고, 슬픔을 함께 나누어 반이 되게 하려는 것입니다.

"서로 돌아보아 사랑과 선행을 격려하며 모이기를 폐하는 어떤 사람들의 습관과 같이 하지 말고 오직 권하여 그날이 가까움을 볼 수록 더욱 그리하자" (히 10:24-25).

영국의 글래스 스톤은 이런 말을 했습니다. "젊은이들이 일요일에 무엇을 하는지 살펴 보라. 그러면 그 나라의 장래가 어떻게 될 것인지 알 수 있다."

그 당시 영국의 많은 젊은이들이 주일에 교회에 가서 예배드리지 않고 거리를 헤매며 술집과 도박장에 몰려 다니더니, 그의 말대로 세계에서 제일 많은 신학자와 선교사, 목사를 키우던 영국이 유럽의 여러 나라들 중에서 교회가 심각하게 쇠퇴한 나라로 전락해버렸습니다. 이 시대에 젊은이가 주일에 무엇을 하고 있느냐에 따라 미래가 좌우됩니다. 당신의 자녀들은 지금 어디에서 무엇을 하고 있습니까? 주일을 어떻게 보내고 있습니까? 무엇에 제일 많은 신경과, 관심을 쏟고 있습니까? 주일에 자녀들을 학원에 보냅니까? 과외를 시킵니까? 이 시대의 젊은이들이 무엇을 하고 사는가가 한 나라, 그 민족의 미래를 대변합니다.

하나님을 예배하는 사람은 범죄에 깊이 빠지지 못합니다. 형식적이고 이름만 걸어놓은 기독교인보다는 하나님을 두려워할 줄 아는 사람이 쓰임 받습니다. 혹시 하나님께 매주 예배 드리기 어려운 상황에 있을지라도 그 마음이, 생활이 예배라면 하나님을 떠난 백성하고는 반드시 큰 차이가 있습니다.

어떻게 예배드려야 할까요?
1. 준비된 마음과 단정한 복장으로 참석하십시오.

가장 높고 귀한 분을 만난다는 생각을 가져야 합니다. 마치 대통령이나 왕을 만나러 가는 것처럼 몸가짐과 말투에도 조심하는 것입니다. 소풍가는 차림이나 이웃에 놀러 가는 복장보다는 왕이신 주님을 만나는 마음과 자세가 중요합니다. 하나님은 우리의 속마음을 보시지만, 세상 사람들은 우리의 외모를 봅니다.

복장은 단정하고 남들이 눈살을 찌푸리지 않게 입으십시오. 깨끗하고 단정하면 됩니다. 토요일 저녁부터 주일을 준비하는 것이 바람직합니다. 마음을 준비하고 헌금을 준비하고, 할 일을 준비하십시오. 가르치는 사람은 가르칠 것을 준비하고, 봉사할 사람은 자신이 맡은 것을 준비하십시오. 교회에 갈 때 자기 패션이나 보석을 자랑하지 마십시오. 성도들과 함께 주님을 만난다는 생각을 가지십시오. 그러면 무얼 준비해야 할지 생각할 수 있습니다.

2. 예배 시작 시간보다 조금 일찍 참석하십시오.

예배 시간에 늦는 사람은 교회 가까이 사는 사람이 많은가요? 아니면 멀리 사는 사람이 많은가요? 가까이 사는 사람이 대부분 늦게 옵니다. 왜 그럴까요? 5분 전에만 떠나면 된다는 생각에 늑장을 부리다 늦어집니다. 반면에 30분 넘게 걸리는 사람은 1시간 전부터 부지런히 준비하는 모습을 볼 수 있습니다. 집의 위치를 떠나 성도들은 10분 정도 먼저 도착해서 예배를 준비하는 자세가 필요합니다. 주님이 우리를 기다리시게 하는 것보다 우리가 주님을 기다리는 것이 낫습니다. 허둥대며 달려와 어수선한 마음으로 예배드리지 말고, 고요한 마음을 갖도록 시간적인 여유를 가지십시오. 늦는 것도 습관이 됩니다. 부득이 예배 시작 후에 들어오면 타인에게 방해가 되지 않도록 조심하십시오. 누군가 대표기도를 하고 있으면 밖에서 기다리십시오. 사람들은 눈을 감아서 보지 못하지만, 하나님은 보고 계십니다.

3. 모든 예배 순서에 적극적으로 참여하십시오.

예배시간에 방랑자가 있습니다. 다음 열 가지 종류의 방랑자 중에 자신은 어디에 속하는지 생각해보십시오.

첫째, 낙서파입니다. 주보에 낙서를 하거나 그림을 그리거나 온갖 메모를 합니다. 그런 사람들은 예배가 끝나면 낙서한 메모지를 버리고 갑니다.

둘째, 구경파입니다. 사람들이 무슨 옷을 입고 있는지, 어떤 스타일의 머리 모양인지 사람들을 구경합니다.

셋째, 먹자파입니다. 오늘 점심 메뉴는 뭘까? 저녁 식사로는 어떤 것이 좋을까? 이것만을 생각합니다.

넷째, 분석파입니다. 찬양팀은 노래를 잘 할 수 있을까? 저 찬양은 옛날에 들었던 것 같은데… 설교자 복장이 저게 뭐야? 목사의 넥타이가 양복에 안 맞네, 장식도 촌스러워! 등등.

다섯째, 자학파입니다. 졸음을 참느라고 자꾸 꼬집는 것입니다. 나중에 보면 넓적다리가 벌겋게 됩니다.

여섯째, 건축파입니다. 예배당을 둘러보면서 내부 장식을 연구합니다. 창문이 많다느니, 색깔이 짙다느니 사방을 보며 건축 양식과 장식을 학문적으로 따집니다.

일곱째, 능청파입니다. 졸면서 지긋이 눈감고 은혜받는 척하는 사람입니다. 그래도 조는 것이 다 보입니다.

여덟째, 조급파입니다. 뭐가 급한지 자꾸 시계만 봅니다. 급하게 갈 곳도 없으면서 그러는 것이, 습관이 된 것입니다.

아홉째, 탐구파입니다. 성경을 여기저기 뒤지는 것입니다. 종이에 손때가 묻었지만 읽지 않고 만지기만 합니다.

열째, 먼 산파입니다. 멍하게 먼 산만 쳐다보고 있는 사람입니다.

예배 드릴 때 적극적으로 참여하십시오. 찬송할 때 마음을 열어서 찬송하십시오. 익숙하지 않은 찬송이면 이번 기회에 배우십시오. 자신이 아는 찬송만 좋아하는 경향이 많은데, 다양한 찬송을 부르십시오. 기도 시간에는 진실한 마음으로 함께 기도하십시오. 성경을 읽을 때는 함께 읽으십시오. 성경이 자신의 손에 익숙해지면 성경 말씀이 훨씬 가깝게 느껴집니다. 예물을 드리는 일에도 진실하고 즐거운 마음으로 참여하십시오. 헌금은 잔돈이나 푼돈을 드리는 것이 아니라 정성스럽게 하나님께 드리는 예물이라는 것을 기억하십시오. 어린 자녀가 있으면 주일학교 교사들을 신뢰하고 맡기십시오. 자녀들에게 신경을 쓰다 보면 찬양과 설교와 기도에 깊이 참여하지 못합니다.

4. 자신의 성경책과 찬송가를 꼭 지참하십시오.

평생 곁에 두고 읽어서 손때가 묻은 성경이 되게 하십시오. 성경이 손때로 더럽혀지고 낡아질수록 그 영혼은 더욱 정결하고 주님의 모습을 닮게 됩니다. 다른 사람의 성경은 낯설어서 구절을 찾기도 힘들고, 하나님의 말씀까지 익숙해지기 어렵습니다. 드와이트 무디는 "천국에 가면 아마도 주님께서 우리의 성경을 보자고 하실 것입니다. 성경책에 손때가 묻고 읽은 흔적이 많은 사람은 그 마음이 정결하게 되었을 것이지만, 손도 대지 않은 사람의 마음은 여전히 더러울 것인데, 그것을 보고 상급을 결정하실지도 모릅니다"라고 말했습니다. 자신의 성경을 평생 읽으며 공부하십시오.

5. 하나님께 드릴 예물을 잊지 마십시오.

구약 시대에는 성전에 빈손으로 오면 예배를 받아 주지 않았습니다. 그때는 제물을 가져왔습니다. 소를 가져오고 양을 가져오고, 돈이 없는 사람은 비둘기를 가져오고, 비둘기 살 돈도 없으면 가루를 가져왔습니다. 그렇게 예물을 드렸습니다. 얼마가 되든지 진실한 마음으로 헌금을 하십시오. 요즘은 물건을 가져오지는 않습니다. 자신뿐만 아니라, 가족이나 자녀들이 바르게 헌금할 수 있도록 알려주어야 합니다. 헌금을 드릴 때 엉겁결에 헌금함에 돈을 집어넣지 말고 정성스럽게 준비하여 드리십시오.

한 권사님이 있었습니다. 주일 아침마다 TV 프로그램에 빠져 항상 예배시간에 늦었는데 어느 날은 헌금하는 시간에 들어왔습니다. 급하게 들어와서 가방에서 헌금을 꺼내는데 천 원짜리를 헌금한다는 것이 실수로 그만, 만 원짜리를 낸 것입니다. 너무 화가 나서 그 다음부터는 반드시 헌금을 미리 준비하고 왔답니다.

헌금을 드리면서 짠순이, 구두쇠가 되지 마십시오. 쓰다가 남은 것이 아니라 먼저 준비해서 드리십시오. 가정에서 어른에게 무얼 드리든지 정성을 다해 신경을 써서 드리는데, 하물며 하나님께 드리는 것을 아무렇게나 할 수 있겠습니까? 특히 아이들에게 용돈을 주면 10분의 1을 헌금하는 것으로 반드시 가르치십시오. 예배 드릴 때는 빈손으로 오는 것이 아닙니다. 또한 많은 액수의 헌금을 했다고 자랑하지 말고 더욱 겸손히 헌금하십시오.

6. 자신이 전도한 사람을 돌보고 양육하십시오.

친구를 전도하기 위해 기도하면서 교회에 데려 왔다면, 다른 때와는 달리, 그날은 옷에도 신경을 쓸 것입니다. 전도된 친구가 그런 모습을 배우는 것입니다. 반면, 예배시간에 습관적으로 조는 모습을 친구에게 그대로 보여준다면 어떻게 될까요? 친구가 성경 본문을 빨리 찾지 못하면, 펴서 같이 읽어주기도 하면서 적극적으로 예배에 참여하십시오. 그러면 졸 시간이 없습니다. 교회 생활을 조금 더 적극적으로 하려면 그렇게 전도해보십시오.

7. 기도하고 사모하는 마음으로 예배드리십시오.

마음을 모으고 정성을 다해서 경건한 예배를 드리십시오. 예배 드리기 전에 먼저 하나님 앞에서 자기 마음을 정리하고 옥토와 같은 부드러운 마음이 되도록 준비해야 합니다. 거칠고 돌맹이가 많은 마음에는 생명의 씨앗이 잘 심겨지지 않습니다.

하나님 말씀을 들으러 온 것이지 사람들을 보러 온 것이 아닙니다. 실수와 허물이 많은 사람들을 바라보지 마십시오. 이말 저말, 근거 없는 말을 듣다가 혼란스럽게 됩니다. 믿음의 주인은 예수님이십니다. 왜 엉뚱한 사람들을 보고 실망하고 분노하며 하나님께

집중하지 못합니까?

　어느 부부가 예배를 마치고 차에 탔습니다. 부인이 남편에게 물었습니다. "여보, 아까 우리 앞에 앉았던 그 여자, 옷 입은 거 굉장히 촌스럽죠?" 남편이 말합니다. "난 못 봤는데….""여보, 우리 옆에 있던 남자 어깨 위에 비듬이 많아서 너무 지저분하지 않았어요?" "난, 그것도 못 봤소." 그러자 부인이 버럭 소리를 질렀습니다. "당신은 도대체 교회에서 뭘 본 거예요?"
　예배 시간에 하나님의 말씀에 집중해야지, 이 부인처럼 엉뚱한 것에 마음을 빼앗기면 안 됩니다. 교회 환경이나 주변 사람들을 보지 말고, 중심을 예수님께로 향하는 예배가 되게 하십시오.

　8. 설교 말씀을 경청하고 예배가 생활로 이어지게 하십시오.
　주일 설교를 위해 설교자들이 며칠씩, 몇 주씩 기도하면서 준비합니다. 하나님의 말씀을 온 마음을 다해서 경청하십시오. 어떤 때는 듣기 싫은 말도 듣고 가십시오. 듣고 세상에 나가서 실천해보는 것입니다. 그것이 신앙입니다. 교회에서는 "아멘", "할렐루야"가 천장을 뚫을 것 같으면서도, 나가자마자 꿀먹은 벙어리가 되어 신앙도 없는 것처럼 살면, 위선자와 다를 게 없습니다. 진짜 예배자는 가정이나, 일터, 학교 어느 곳에서든지 삶이 예배가 되어야 합니다. 마치 비상시에 대통령의 발표문을 듣는 것처럼, 그것보다 더 중요한 것이 하나님 말씀이라면, 귀를 기울이고 한 마디도 놓치지 않기 위해 노력하십시오.

"어떤 교회에 다닐까?" 라는 고민

대부분 교회에 가면 자기 교회가 최고라고 말합니다. 그러나 그것은 사실이 아닐 수도 있습니다. 어떤 교회를 선택하느냐에 따라 우리의 삶에 큰 차이가 생깁니다. 어떤 사람은 친구를 잘못 사귀어서 이단에 빠져 일생동안 고생하고, 재산을 모두 빼앗겨, 인생을 망친 경우를 주변에서 보게 됩니다. 또는 교단과 교파 때문에 고민하지 않습니까? 장로교가 옳은가? 감리교가 옳은가? 침례교인가? 성결교인가? 하나님의 성회인가? 대표적인 교단 다섯 개 중에 어떤 것이 옳은가? 성경에는 그런 파가 하나도 없습니다. 고린도교회가 그런 이유들로 바울에게 책망을 받았습니다. 누가 그런 파(派)를 만들었느냐고 책망하면서 예수 그리스도 외에는 아무런 교파도 없다고 했습니다. 천국에는 장로교인만 가는 것도 아니고 감리교인만 가는 것도 아닙니다. 천국에는 교단이나 교파가 존재하지 않습니다. 다만 예수 그리스도를 믿는 사람들이 있을 뿐입니다. 중요한 것은 성경적이며 복음적인 교회인가 하는 것입니다. 그러므로 교회를 결정할 때 교파로 결정하는 것은 지혜롭지 못합니다.

그러면 교인이 많이 모이는 교회가 좋을까요? 성도가 많은 교회는 자신을 드러내지 않고 교회생활을 하기에는 좋을지도 모릅니다. 건물이 큰 교회가 좋을까요? 예, 편리해서 좋을 수도 있습니다. 프로그램이 많은 교회가 있습니다. 그런 교회도 좋습니다. 유명한 목사가 담임하는 교회가 좋을까요? 집 가까이 있는 교회가 좋을까요? 멀어도 좋은 교회가 있다면 찾아가야 합니다. 어느 설교자의 말처럼, 서울 대학이나 하버드 대학에 입학이 결정되었는데 멀다고 가지 않습니까? 집을 떠나거나 이사를 해서라도 가지 않겠습니까? 가능하면 인근에서 좋은 교회를 찾는 것이 좋겠지만, 정말 너무 멀면 집을 옮기십시오. 교회가 먼 것이 아니라 집이 먼 것입니다.

크리스찬 와이즈(G. Christian Weiss)는 「참된 그리스도인이 되려면」이라는 책을 통해 "건전한 교회를 선택하기 위한 9가지 제안"을 했습니다.

1. 성경 전체를 오류가 없는 하나님의 말씀으로 믿고 전하는가? 성경 이외의 것을 전하면 100% 이단입니다. 성경에 기록되지 않은 말은 몰라도 되는 것입니다. 대표적으로 "예수님이 언제 다시 오실까?" 하는 질문입니다. 성경은 그때를 알 수 없다고 했습니다. 절대, 그건 모르는 것입니다. 성경을 성경 그대로 가르치는 교회인가를 반드시 확인하십시오.

2. 예수 그리스도의 십자가의 구속을 분명하게 전하는가? 예수님께서 교회의 중심이심을 인정하고 예수님의 구원을 전하는가? 아니면 교회의 설립자나 유명한 사람이 우상이 되고 있는가? 예수님 외에 다른 사람이 영광을 받으면 그것은 우상입니다.

3. 성령으로 거듭나는 것을 가르치는가? 교회에 나오면 자동적으로 천국에 간다고 가르치는 것은 위험합니다. 그건 거짓말입니다. 아직 예수 그리스도를 주님으로 확실히 믿지 않는 사람이 있

을 수 있다는 것입니다. 성령으로 거듭나야 한다고 가르치는 교회인지를 검토하십시오.

4. 새벽이나 주간 중에 기도 모임이 한 번 이상 있는가? 행사가 많아도 기도가 없으면 영적으로 메마르게 되기 때문에, 그런 곳에 가면 영적으로 죽게 됩니다. 새벽 기도회나 소그룹 기도 모임들이 있는 교회가 좋습니다.

5. 계속해서 영혼 구원에 대해서 강조하는가? 전도를 소홀히 하면 교회는 시들해지게 되어 있습니다. 예수를 안 믿던 사람들이 교회에 와서 예수님을 믿는 것이 최고의 기쁨이 아닐까요? 믿는 분들이 헌신하는 것도 참 기쁘지만 안 믿던 분이 예수님을 믿고 변화되는 것을 볼 때마다 큰 기쁨을 느끼게 됩니다. 처음 성경을 보았다는 사람이 예수 믿는 것을 보면 얼마나 좋은지요! 구원 간증이 있는 교회이어야 합니다.

6. 설교와 찬양에 성령의 인도하심이 있는가? 찬양이 신나는 음악 프로그램으로 그치고, 멋진 웅변식 설교만 하고 끝나는가? 정말 노래 속에 생명이 있는가? 설교 속에는 생명이 있는가? 설교 속에서 예수 그리스도가 전해지는가? 삶의 변화를 가져다 주는가? 그것이 없다면 아무리 프로그램이 화려해도 그 교회는 위험합니다.

7. 하나님의 거룩함이 강조되는가? 죄는 죄라고 지적하고 있는가? 죄는 반드시 회개하라고 말씀하는가? 천국만 아니라 지옥에 관해서도 설교하는 교회이어야 합니다. 죄를 보고도 "괜찮습니다" 하는 것은 틀렸습니다. 아닌 것이 얼마나 많습니까? 아닌 것은 아

니라고 말하고, 마음이 아프더라도 뼈아픈 말을 해야 합니다.

8. 전도와 해외 선교에 관심이 있는가? 교회라는 울타리 안에서만 정지하고 있으면 하나님의 선교 명령에 불순종하는 것입니다. 전도에 주력하고 예수님을 모르는 이웃들과 복음이 전파되지 않은 곳에 선교적 관심을 갖고 있는 교회를 택하십시오. 정기적으로 선교사들을 지원하고 또 선교 활동을 하는지 보십시오.

9. 그리스도의 재림이 가까웠다는 것을 가르치는가? 이 땅에서 천년 만년 살 것처럼, 이 땅에 천국을 만들려고 가르치는 곳이라면 삼가십시오. 이 땅은 결코 천국이 될 수 없습니다. 그때가 언제인지는 몰라도 주님의 재림이 임박했습니다. 마지막 때를 사는 성도의 삶을 제대로 가르치는 교회이어야 합니다.

크리스챤 와이즈는 이렇게 아홉가지를 다 점검하여 이 내용에 합당한 교회가 있으면, 그 교회를 선택하라고 했습니다. 그런데 이 세상에 완벽한 교회는 없습니다. 교회에 출석하는 성도들도 그렇고, 목사도 그렇고, 모두 다 연약합니다. 교회 안에는 성숙한 성도가 있고, 방문자와 관심자 및 신앙을 찾는 사람들이 함께 있습니다. 그러므로 예배에 참석한 사람들을 보고 교회를 판단하는 것은 부적절한 것입니다. 그럼, 목사를 보고 판단할까요? 그래도 실수한다는 것을 아십시오.

건강하게 성장하는 교회는 기쁨이 있고 평안을 누리며, 성도들이 한 마음으로 섬기는 것을 볼 수 있습니다. 건강한 교회에 속한 성도들은 고난 중에 이기는 힘을 얻고, 역경 중에도 기쁨을 잃지 않으며, 성도의 깊은 사귐을 통해서 믿음이 더욱 견고해집니다.

몸이 건강하면 자연스럽게 성장하는 것처럼, 건강한 교회는 소리 없이 성장합니다. 건강한 교회에 속한 사람들은 행복한 교인입니다. 우리는 무엇보다 구원받은 행복자가 되어야 합니다. 하나님의 말씀을 들으며 구원이 확실해지고, 신앙이 성장해 가고, 믿음의 헌신이 생기고, 기쁨과 즐거움이 생기면 그곳은 건강한 교회일 것입니다. 삶에 기쁨이 있고, 예수를 믿는 즐거움이 있어야 합니다.

교회에서 싸움이 벌어지며, 갈등이 많고, 예배당에 가면 긴장이 되고 빨리 집에 가고 싶은, 그런 교회라면 과연 가고 싶은 마음이 생길까요?

집에서도 교회가 생각나고 교회에 오면 좀 더 머물고 싶고, 교인들이 서로 만날 때마다 기쁨으로 격려할 수 있는 교회가 하나님께서 간절히 바라시고 기뻐하시는 교회의 모습일 것입니다.

한국에서 이미 이단으로 판정이 났거나 이단성이 있는 교회에는 절대로 가지 마십시오. 교회를 좀먹고 부패시키는 이단들이 많습니다. 삼위일체, 예수님의 동정녀 탄생, 천국과 지옥, 예수님의 구원 완성, 은혜와 믿음으로 받는 구원 등을 부인하는 교회는 절대로 가면 안 됩니다. 그런 모험을 하지 마십시오. 교회라면 아무 곳이나 열심히 섬기면 된다는 식은 대단히 위험한 생각입니다. 아무리

스피드가 좋은 자동차라도 잘못된 방향으로 질주한다면 천천히 바로 가는 것보다 못한 것처럼, 아무리 사람이 많이 모이는 교회라고 해도, 신앙의 방향이 잘못되어 있다면 너무나 위험한 것입니다.

한 번 잘못된 신앙의 길에 들어서면 인생을 망치게 됩니다. 아무리 사람이 많이 모이고 혹시, 기적이 나타나는 교회라고 해도 성경에 있는 하나님 말씀과 다르게 전한다면 절대 가지 마십시오.

행복한 교회 생활을 위한 참고사항
1. 가능한 한 모든 공예배에 참석하십시오. 예배를 뒤로 하고 이 일 저 일로 분주한 것은, 우선순위가 잘못된 것입니다. 경건하고 은혜로운 예배를 드린 후에 새 힘을 가지고 봉사의 현장에 나가야 합니다. 유명한 마리아와 마르다 이야기를 알고 있습니까?

> 예수님과 제자들이 여행을 하다가 어느 마을로 들어가셨다. 마르다가 예수님을 자기 집으로 모셨다. 마르다에게는 마리아 라는 여동생이 있었다.
>
> 마르다는 예수님께 접대하기 위해 분주했고, 마리아는 예수님의 발 아래 앉아서 말씀을 들었다. 마르다가 주님께로 다가가 이렇게 말하였다.
>
> "주님, 저 혼자서 접대 준비로 정신이 없는데, 마리아가 저를 돕지 않는 것을 왜 그냥 두세요?"
>
> "마르다야! 너는 너무 많은 일 때문에 근심하며 안절부절

못하고 있구나. 그러나 지금 꼭 필요한 것은 한 가지뿐이란 다. 마리아는 좋은 것을 선택했고 그것을 빼앗기지 않을 것이다."

봉사하는 것도 좋지만 그 마음에 분함을 갖고 일하는 것은 잘못입니다. 교회에 와서는 예배가 최우선이 되어야 하고, 그 다음에 각 분야에서 섬기십시오. 그러나 종종 어떤 분은 교회에 오자마자 일만 합니다. 그런 생활이 지속된다면 신앙생활에 금방 원망이 생기고, 불평이 생깁니다. 그리고 일주일에 한 번 예배드리는 것은 간식을 먹는 것과 같습니다. 주일예배 외에 새벽기도와 또 다른 예배에도 참여하십시오. 공예배를 소홀히 하면서 신앙이 건전하게 성장하기를 기대할 수 없습니다.

2. 섬김을 받으려 하지 말고 섬기십시오. 교회에 오는 것은 예배를 통해서 은혜를 받고, 교제와 가르침 속에서 격려와 믿음을 얻기 위한 것입니다. 또한 자신보다 신앙이 약한 사람을 돕고, 성도를 섬기며, 선한 일에 참여하기 위함입니다. 인정과 대접을 받고자 하면 언제나 실망하고 불평이 생깁니다. 먼저 인사하고 먼저 섬겨 보십시오. 항상 섬기겠다는 마음을 가지면 교회 생활이 훨씬 밝아지고 기쁨이 생깁니다.

3. 방관자나 구경꾼이 되지 말고 참여자가 되십시오. 운동

경기장이나 영화관에 가면 어떻습니까? 정해진 입장료를 지불하고 들어가지만, 관람하면서 너무 재미가 없으면 나와 버리면 됩니다. 그렇지만 그 경기나 영화에 친구나 가족이 나온다면 이야기가 달라집니다. 아마 맨 마지막까지 남을 것입니다.

예배는 구경하는 것이 아닙니다. 예배는 관람하러 가는 것이 아니고, 남들이 잘하나 못하나 보러 가는 것도 아닙니다. 나를 사랑하시는 하나님 아버지께 예배 드리러 가는 것입니다. 참여자가 되십시오. 남들의 예배를 보는 것이 아니라, 바로 내가 하나님께 예배를 드리는 당사자임을 잊지 마십시오.

4. 교역자와 성도들을 비판하는데 시간을 낭비하지 말고 조력자가 되십시오. 불평과 원망하는 것은 자신도 모르는 사이에 나쁜 습관이 됩니다. 목사들도 허물이 많고 약점이 많습니다. 사람들이 많은 기대를 하고 오지만 기대하다가 실망도 합니다. 설교자도 격려와 기도와 지원이 절대적으로 필요한 사람들입니다. 항상 말씀을 공부하고 설교를 준비하기 때문에 목사들은 기도 제목도 없고 평안할 것이라 생각할 수도 있을 것입니다. 그래서 목사들이 자신에게 문제가 있음을 말하기가 쉽지 않습니다. 목사에게도 자녀 문제, 가정 문제 미래에 대한 고민이 있을 수 있고, 교회에 대한 여러 가지 아픔들이 있습니다. 그러나 그것을 말하지 않는 이유는 다른 사람의 문제가 많기 때문에, 그런 문제들을 들을 때마다 내 문제는 아무것도 아니구나…라는 생각을 하기 때문입니다.

성경에서 사도 바울은 다음과 같이 말했습니다.

"가르침을 받는 자는 말씀을 가르치는 자와 모든 좋은 것을 함께 하라"(갈 6:6). 이 말씀의 의미는 무엇일까요? 신앙적인 도움이 필요할 때 사역자에게 도움을 청하지만, 즐겁고 신나는 일도 사역자들과 함께하라는 것입니다. 저 또한 설교할 때, 나 혼자만 선다고 생각할 때는 너무 두렵지만, 기도의 중보자들이 뒤에서 함께한다고 생각하면 힘이 생깁니다. 비난하는 데 정력을 낭비하지 말고, 지원하고 격려하십시오. 교회를 나누는 일에 앞장서지 말고 적극적인 협력자가 되십시오. 교회와 주님을 위해서 말없이 순종하는 성도가 되십시오.

5. 교회를 위해서 시간과 재능과 물질을 즐겁게 드리십시오.

가진 것이 많은 사람만 드려야 한다면 이 세상에서 자격이 되는 사람은 별로 없을 것입니다. 한 성도가 교회에 와야 하는데 집에 돈이 하나도 없더랍니다. 그래서 기도를 했답니다. "하나님, 제가 교회에 가는데 헌금이 필요합니다. 그런데 돈이 하나도 없습니다"라고 기도한 후 온 집안을 뒤졌더니, 오래 전에 비상금으로 두었던 돈을 발견하게 되었습니다. 그 돈으로 '하나님, 이번 주도 드릴 것이 있어서 감사합니다' 라는 내용의 감사 헌금을 드렸다는 것입니다. 그런 헌금은 하나님께서 만 배로 축복하실 것입니다. 사랑하는 주님께 무엇인가 귀한 것을 드릴 수 있다는 것이 얼마나 귀한 특권입니까?

일주일에 단 몇 시간이라도 주님의 교회에 직접적으로 유익이 되는 일을 찾아보십시오. 일거리는 항상 있습니다. 어린이와 청소년들을 위해서 시간과 은사를 사용하는 것, 목회자와 성도를 섬기는 봉사, 교회를 청소하는 수고와 땀, 때마다 즐겁게 음식을 만들고 제공하는 손, 꼭 필요한 때에 보이지 않게 헌금으로 돕는 것 등 많은 일들이 있습니다.

6. 교회 안과 교회 밖의 생활의 일치를 위해서 노력하십시오.

교회는 마치 전력 충전실과 같습니다. 영적으로 힘이 빠지고 실망하고 방황할 때 새 힘과 소망과 믿음을 공급받는 곳입니다. 그래서 세상에 나가서 소금과 빛으로 환하게 사는 것입니다. 교회에 와서 일주일 내내 살라고 하는 것은 잘못된 것입니다. 가정으로, 학교로 가서 성공적으로 사십시오. 기회가 되면 복음을 전하십시오. 성도는 교회에 모여서 힘을 얻고, 밖으로 나가서 하나님의 나라를 확장해야 합니다. 교회 울타리 안에서 성도들끼리 모이는 것 자체가 목적이 아니라, 세상에서 소금과 빛으로 살아야 하는 것입니다. 기도회와 주일 예배를 소홀히 하면 신앙이 뒤쳐집니다. 분주한 일상 때문에 고단하고 힘들면, 더욱 함께 모여 예배하면서 새 힘을 얻으십시오. 멀리 여행하거나 사업으로 출장을 가더라도 인근 교회에 나가 경건한 예배를 드리십시오.

아브라함은 어느 곳에 가든지 세 가지를 준비했습니다. 장막과 우물과 제단입니다. 제단은 예배를 의미합니다. 그러나 조카 롯은 장막을 세우고 우물을 팠지만, 제단을 세운 기록이 없습니다. 그 가정은 풍지박산이 되었습니다.

　야곱은 선한 사람은 아니었지만, 그는 우상을 버리고 벧엘로 올라가 하나님을 예배했고, 모세는 자주 하나님 앞에 엎드려 예배했습니다. 욥은 고통 중에도 하나님을 예배했습니다.
　다윗과 예수님의 제자들, 베드로와 바울과 스데반도 모두 하나님을 예배하는 것의 소중함을 알았습니다.

　천국에 가면 전도나 교육이나 훈련이 없어도, 주님 앞에서 가장 아름다운 예배가 있을 것입니다. 그곳의 찬양단은 가장 아름다운 하모니를 연주할 것입니다. 천국의 설교자는 예수님이실 것입니다. 하나님 앞에서 늘 은혜를 경험하는 복된 예배자가 되십시오.

5

어떻게 전도할까?

성경은 모든 사람이 예수 그리스도의 복음을
들어야 한다고 말합니다. 모든 사람이 죄를 범했고,
모든 사람이 죽은 후에는 심판을 받아야 하기
때문에 이 구원의 복음이 필요합니다.

"믿음은 들음"에서 납니다.
그러므로 아직도 복음을 듣지 못한
사람들에게 생명을 전해야 하는 책임이
먼저 믿은 이들에게 있습니다.

믿음 · 성경 · 기도 · 예배 · **전도** · 헌금 · 봉사 · 유혹 · 고난 · 인도하심

베드로전서 3장 15절
"**너희** 마음에 그리스도를 주로 삼아 거룩하게 하고 **너희** 속에 있는 소망에 관한 이유를 묻는 자에게는 대답할 것을 항상 예비하되 온유와 두려움으로 하고."

많은 사람들이 "전도하라"고 하면 그것은 전도자와 선교사들 그리고 전도에 특별한 열정과 은사가 있는 소수의 사람들에게 해당된다고 생각합니다. 아마도 길에서 팻말을 들고 "예수 천당, 불신 지옥"을 외치는 사람을 본 탓인지, 성격이 좀 외향적이고 말도 잘하면서 대중 앞에서 부끄러워하지 않는 사람들이 하는 것이라 여깁니다. 그래서 성격이 내성적이며 조용한 사람은 전도하지 않아도 되는 것처럼 잘못 생각하는 사람들도 많습니다. 성경은 모든 사람이 예수 그리스도의 복음을 들어야 한다고 말합니다. 모든 사람이 죄를 범했고, 모든 사람이 죽은 후에는 심판을 받아야 하기 때문에 이 구원의 복음이 필요한 것입니다.

요한복음 4장에는 예수님께서 사마리아 마을의 어느 우물가에서 불쌍한 여인을 만나는 이야기가 나옵니다. 그 여인은 여러 번 결혼을 했지만 한 번도 제대로 지속되지 못하고 계속 실패하였습니다. 그녀의 마음은 상처로 가득했고 어느 누구도 신뢰하지 못했습니다. 그녀는 이미 행복한 삶을 포기한 상태였으나 예수님을 만나면서 삶이 변하게 되었습니다.

늘 목이 마르고, 양심은 늘 어둠에 덮여 있었지만 예수님은 그녀에게 평생 목마르지 않는 생수를 주셨고, 양심을 짓누르는 죄를 씻어 주셨습니다. 그녀가 예수님을 구세주로 믿고 마음에 받아들이자, 어둔 마음에 빛이 들어 왔고 새로운 삶이 시작되었습니다. 잘못된 신앙과 부끄러운 생활이 변하여 새 삶이 되었습니다.

니고데모는 유대인의 율법 선생이며 전형적인 종교인이었습니다. 그는 하루에 적어도 세 번씩은 꼭 기도했고, 일 주일에 두 번씩 금식했습니다. 그는 자신의 모든 소득의 십분의 일을 성전에 바치고, 매일 성경을 읽고 율법을 준수하는 종교 지도자였습니다. 누가 봐도 그는 천국에 갈 수밖에 없는 사람이었습니다. 그 사람보다 더 종교적인 사람이 없을 정도였으니까요. 그렇지만 그에게는 남 모르는 깊은 고민과 갈등이 있었습니다.

부족함 없는 삶과 사람들의 칭송을 들으면 가장 위대하고 경건한 자의 모습이지만, 그의 양심은 그를 가만히 두지 않았습니다. 그는 밤마다 고민했습니다. "정말 나사렛 출신의 예수라는 청년이 메시아일까? 그는 목수 요셉의 아들일 뿐인데, 기적을 행하는 것을 보면 평범한 인물은 아닌 것 같아. 그렇다면, 그를 믿지 않으면 천국에는 못 갈 텐데…!" 끊임없는 의심이 그의 마음속에서 떠나지 않았습니다. 답답한 심정으로 잠이 들면 그는 짓눌리는 듯한 꿈을 꾸며 뒤척이다 잠을 깨기가 일쑤였습니다.

그러던 어느 날 밤, 그는 주위 사람들의 눈을 피하여 예수님을 찾아갔습니다. 예수님이 누구인지 정확히 확인하고 싶었던 것입니다. 그는 예수님께 고개를 숙여 인사하며, "예수여, 당신은 하나님께서 보내신 선생님이 틀림없습니다. 가르치시는 것을 보니 굉장하십니다!" 그는 자기가 최고의 예의를 표하며 인사를 하면, 그에 상응한 답변이 있을 것으로 기대했습니다.

그런데 예수님은, "당신이 물과 성령으로 거듭나지 않으면 유대인의 유명한 율법 선생이라도 천국에 들어가지 못합니다"라는 충격적인 도전을 주었습니다. 예수님은 그날 니고데모에게 복음의 핵심을 가르치셨고, 니고데모는 참된 믿음을 발견하게 되었습니다. 그는 도덕적으로나 종교적으로 뛰어난 사람이었으나 복음을 듣고 진정한 자유를 얻었습니다.

예수님의 제자 중 빌립 집사는 성경에 익숙한 사람이었습니다. 그는 초대 교회에서 선택된 일곱 집사 가운데 한 사람입니다. 믿음과 성령이 충만하였습니다. 어느 날 그는 하나님의 음성을 듣게 됩니다. "지금 한 사람이 복음을 꼭 들어야 하는데 기회를 놓치지 않도록 하라. 내가 인도하는 곳으로 가서 만나는 그 외국인에게 전도해라." 빌립은 그 말씀에 순종하여 즉시 달려 갔습니다. 마침 그곳에는 아프리카 지역에서 예루살렘을 순례하러 왔다가 돌아가는 관원이 있었습니다. 빌립은 그를 전도하게 됩니다. 그 사람은 이사야서를 읽고 있었는데 무슨 말인지 이해하지를 못했습니다.

빌립의 가르침에 그는 주님을 영접하였고, 아프리카 지역의 첫 선교사가 되었습니다. 빌립은 성경에 익숙했으며 복음의 핵심을 정확하게 알고 있었습니다. 성공적인 전도를 위해서는 빌립처럼 하나님의 말씀에 대한 지식과 지혜가 있어야 합니다. 어디에서부터 대화를 시작해서 어디로 이끌어 가야 할지 분명하게 알아야 합니다. 빌립은 성경을 잘 알고 있었기 때문에 자세히 설명할 수 있는 지혜로운 전도자였습니다.

찰스 스펄전이나 빌리 그래함은 대중을 상대로 하여 전도를 하고, 대부분의 성도들은 개인적인 접촉을 통해서 전도합니다. 길에서 전도지를 나눠주고 복음을 설명하는 노방 전도, 집을 방문하여 만나는 사람에게 복음을 전하는 방문 전도, 기술을 가르쳐 주면서 전도하는 사람, 외국어를 가르쳐 주면서 복음을 전하는 사람, 운동 코치가 되어 운동을 가르치면서 전도하는 사람, 방송 전도, TV 전도, 인터넷 전도, 그 외에도 수많은 방법으로 복음을 전하는 전도자들이 있습니다.

모두 복음을 들어야 하기 때문에 우리가 전하는 메시지는 불변하지만, 전도의 방법은 시대와 상황에 따라 효과적으로 바꿀 수 있습니다.

전도해야 하는 이유

"꼭 전도해야 합니까?" 이런 질문을 가끔 듣게 됩니다. 성경에 보니 천국 갈 사람, 지옥 갈 사람이 미리 다 정해져 있다는데, 만일 내가 천국에 가도록 예정이 되었으면 전도 받을 필요가 없지 않습니까? 예정이 안 된 사람은 전도 받으나마나 지옥에 갈 테니, 그런 사람에게 전도할 필요가 없지 않습니까? 등등입니다. 그러나 어떤 사람이 예정이 되었는지, 예정이 안 되었는지는 아무도 모릅니다.

성경에는 창세 전에 하나님께서 우리를 예정하셨다고 말씀합니다. 우리가 예정되거나 그렇지 않거나를 판단하라고 구분하신 것이 아닙니다. 다만 구원받는 것에 있어서 사람의 노력이 아니라 하나님의 주권이 중요한 것임을 알게 하시려는 것입니다. 우리가 예정된 사람만을 구분해서 전도할까 말까를 결정할 수는 없습니다. 예정은 하나님께서 하시는 것이고, 우리는 누구에게나 복음을 전해야 하는 책임만 있을 뿐입니다.

"이방인들이 듣고 기뻐하여 하나님의 말씀을 찬송하며 영생을 주시기로 작정된 자는 다 믿더라" (행 13:48).

이것은 어떤 정해진 특정한 사람만 믿었다는 의미라기보다는, 우리가 복음을 전했기 때문에 믿으려고 준비된 사람은 다 믿었다는 것입니다. "나는 영생 얻기로 작정되지 않았습니다"라고 변명할 수 없습니다. 하나님은 모든 사람이 구원을 받으며 진리를 아는 데 이르기를 원하십니다. 그렇지만 믿음의 결단은 스스로 하는 것입니다. "믿음은 들음에서 난다"고 성경은 말합니다. 그러므로 누구든지 복음을 들어야 합니다.

복음을 반대하거나 혹은 받아들이는 것은 듣는 사람의 몫입니다. 좋은 것을 선물로 주고자 해도 받지 않으면 자신의 것이 아닌 것처럼, 구원의 선물도 받는 사람의 몫입니다. 모든 사람이 복음을 들어야 믿을 수 있는 것이므로 우리는 열심으로 복음을 전하는 것뿐입니다.

전도하여 복음을 들으면 죄를 용서받고 새 삶을 살게 됩니다. 잔인한 살인자 중에도 복음을 듣고 변화하여 남의 생명을 살리는 인생으로 바뀌지 않습니까! 자신 밖에 몰라서 남의 것을 빼앗던 자가 복음으로 변화되어, 자기 것을 나눠 주는 삶을 살아 갑니다. 양심의 자유를 얻어서 죽음 후에 있을 심판이 두렵지 않게 된 것은 얼마나 큰 축복입니까?

무엇보다 전도해야 할 이유에는 예수님께서 주신 가장 엄하고 절실한 명령에 대한 순종이기 때문입니다. 군대 생활을 했던 사람은 상관의 명령이 어떤 것인지 압니다. 아무리 귀찮고 거추장스런 일이라도 상관이 명령하면 이유없이 복종해야 합니다.

우리도 영적 전쟁터에 나선 사람들입니다. 빛과 어둠의 싸움이요, 생명과 죽음이라는 두 갈래에 선 사람들을 생명 길로 인도해야 합니다. 가정이 깨어지고 사람의 생명을 하찮게 여기는 것이 현실입니다. 돈이라면 어떤 악이라도 범하려고 합니다. 그리스도인은 이런 세상에서 십자가의 군사가 되어야 합니다. 군사로 다니는 자는 자기 개인 생활에 얽매이지 않습니다. 그래서 생명과 빛의 복음을 외치는 것입니다. 그것이 복음 전도입니다.

전도는 하기 싫어도 해야 하는 주님의 명령입니다. 기회가 주어졌는데 전도하지 않는 것은 명백한 불순종입니다. 군대에서 직속 상관의 명령을 어기면 기합을 받는데, 하물며 하나님의 명령을 거역하고 불순종하면서 풍성하고 복된 삶을 살 수 있겠습니까? 어림도 없는 말입니다.

전도를 통해서 자신의 신앙이 성숙합니다. 다른 사람에게 전하려고 하니 대답할 말도 준비해야 하고 기도도 해야 합니다. 말재주로 전도하는 것이 아닙니다. 사실 한 사람이 주님께 돌아오려면 성령의 역사가 있어야 합니다. 그것은 기도를 통해서만 가능합니다. 전도는 논리나 토론 이상의 것입니다.

지금까지 아무에게도 전도한 일이 없는 사람은 절대로 신앙이 성숙하지 않습니다. 다른 사람에게 예수를 믿게 하는 것이 어떤 것인지 전해 보지 않고, 신앙이 잘 자랐다고 할 수 없습니다. 전도하다 보면 자신의 믿음이 성장해가는 것을 발견할 수 있습니다.

교수가 대학에서 학생들을 가르치려면 더 많이 준비하고 연구해야 합니다. 학생 숫자와 상관없이 가르치는 것은 마찬가지입니다. 또 학생들의 질문에 대답하려면 책을 많이 읽어야 합니다. 그러러면 학생보다 선생이 훨씬 더 공부를 많이 하게 됩니다. 목사들도 설교자로서 성경을 읽고 묵상하고 연구하는 것은 절대로 피할 수 없는 일입니다. 성경을 가르치려면 많이 준비해야 하고, 기도해야 하기 때문에 더 공부가 되는 것입니다.

전도도 마찬가지입니다. 누군가에게 전도하려면 긴장하여 기도하면서 지혜를 구해야 하고, 훈련을 받기도 해야 하므로 자신에게 큰 도움이 됩니다. 구경꾼이나 방관자와 같은 그리스도인은 절대로 신앙의 성숙이 없습니다. 주일 예배에 잘 참석해도 다른 사람에게 복음을 전하는 일에 게으르면, 신앙의 현상 유지 밖에 되지 않습니다. 그래서 성경은, 누구든지 복음에 대해서 묻는 사람을 위하여 대답할 말을 항상 준비하라고 했습니다.

"너희 마음에 그리스도를 주로 삼아 거룩하게 하고 너희 속에 있는 소망에 관한 이유를 묻는 자에게는 대답할 것을 항상 예비하되 온유와 두려움으로 하고" (벧전 3:15).

베드로전서를 쓸 당시의 상황은 예수 믿는 사람들이 곳곳에 흩어져서 많은 고난을 받을 때입니다. 그런데 예수 믿는 일부의 사람들이 고난 중에서도 기쁘게 사는 것을 보면서, "당신은 이렇게 어려운 환경에서도 무엇이 좋아서 그렇게 기쁩니까?"라고 묻는 사람이 있었습니다. 그런 질문을 받을 때 대답할 말을 준비하라는 것입니다. "성격이 원래 낙천적이에요!"라거나, "될 대로 되라는 거죠"라는 식의 답변은 하지 말아야 합니다. 그런 기회에 예수님께서 나와 함께하시기 때문이라는 대답을 한다면 얼마나 뿌듯할까요?

전도해야 하는 또 하나의 이유는 교회가 성장하고 하나님의 나라가 확장되는 기쁨을 누리기 위해서입니다. 서양의 많은 나라들이 전도를 소홀히 하면서 교회가 쇠퇴하기 시작했습니다. 일부 선교사나 사역자들에게만 전도의 책임이 있는 것으로 오해하고, 자기 혼자 교회에 다니는 것으로 만족했을 때 쇠퇴하기 시작한 것입니다.

교회에 다니는 것만으로도 대단한 것인양 생각하는 사람들이 있습니다. 그래서 전도하고 예수 믿자고 하면 마지못해 한 두 번 따라갑니다. 그러나 그것도 그때뿐입니다. 갈등하는 교회들을 보면 대개 전도하는 것보다는 직분이나 세력 다툼 때문입니다. 전도에 힘쓰다 보면 다른 갈등에 엉킬 겨를이 없습니다. 문제 많은 교회들이 새 힘을 찾으려면 다시 복음에 대한 열정을 회복하고, 성도들이 전도에 새로운 열심을 되찾아야 합니다.

무엇보다 전도를 하면 자신에게 기쁨이 생겨납니다. 예전 어느 집회에서 그곳의 참석자들이 한 분씩 돌아가면서 간증을 했습니다. 그 중에는 병들어 고생하다가 믿은 분도 계셨습니다. 그 중, 한 평범한 회사원이 이런 간증을 했습니다. 그의 주변에는 자신과 조금 다르게 사는 사람이 있었습니다. 본인도 먹고 사는 것에 대해 특별한 염려가 없었지만, 그 사람의 삶에서는 기쁨과 행복이 가득해 보였던 것입니다. 그를 통해 교회에 나가 가만히 들어보니, 목사님의 설교가 그럴 듯하게 느껴졌습니다. 그 후, 예수님을 영접하고 이렇게 기쁘게 살고 있다는 고백을 했습니다.

병들 때까지 기다리지 말고, 실패할 때까지 기다리지 말고, 모든 것이 순탄할 때 예수님을 믿으라고 간증했던 것이 참 설득력 있었습니다.

불안이 평안으로 변하고, 미래에 대한 막연한 기대와 허무감이 변하여, 살아야 할 이유와 목적이 생기는 것입니다. 몰래 고민하며 한숨 짓던 날들이 변하여, 감사와 찬송할 이유들이 생기는 것입니다. 의미 있고 가치 있는 삶을 찾으려고 애쓰다가, 예수님을 만난 후에는 평생동안 할 일이 생긴 것에 감사하게 되는 것입니다.

전도 대상자 찾기

가족은 가장 어렵고도 절실하며, 평생 포기할 수 없는 사랑하는 전도 대상자입니다. 늘 함께 지내는 가족에게 그리스도인의 밝고 긍정적이며 좋은 면들을 많이 보여 줄 수 있어야 합니다. 가장 어려우면서도 반면에 전도하기에 가장 좋은 대상이 사랑하는 가족입니다. 나를 너무 잘 알기 때문에 나의 변화에 대해서도 가장 잘 이해할 수 있기 때문입니다. "주 예수를 믿으라 그리하면 너와 네 집이 구원을 얻으리라"는 하나님 약속을 믿으십시오.

저의 집안에서는 제가 예수님을 처음으로 믿었기 때문에 가족은 항상 저를 주시했습니다. 예수 믿는 것이 무엇인지 매일 매일 저를 통해서 보는 것입니다. 제가 식사 시간에 저 혼자 기도하고 밥을 먹으면 식구들이 노려보고 있습니다. "너 때문에 밥도 빨리 못먹는다"라고 놀립니다. 형은 식사 기도가 끝나면, "너 누구에게 감사하다고 한 거야? 나한테 감사해야지, 내가 돈을 벌어 왔는데!" 그래서 "형도 고맙지만 하나님께 감사했습니다" 그러면, "앞으로는 나에게만 고맙다고 해." 이런 농담까지 했습니다. 지금, 형은 참 좋은 집사가 되었습니다. 가족들이 예수님을 믿기 전에는 주님을 보는 것이 아니라 예수 믿는 저를 보고 모든 것을 판단했습니다. 제가 정말 변하는 것을 본 가족들이 예수님께로 돌아왔습니다.

가장 어렵게 생각되지만 가장 쉬울 수도 있습니다.

가족이 왜 예수를 안 믿을까요? 일상에서의 행동 하나 하나가 전도의 길을 열어 놓을 수도 있고, 막을 수도 있습니다. 제일 사랑하는 사람에게는 말이 필요없습니다.

제가 어머니께 전도할 때를 생각해봐도 그렇습니다. 밖에서는 아무리 멋있는 전도사거나 목사라도 어머니 앞에서는 자식입니다. 그때는 설명이 필요없습니다. 좋은 아들로 살면 되는 것입니다. 좋은 아내로, 좋은 남편으로 사는 것이 가장 좋은 방법일 것입니다. 친구와 친척도 자주 만나는 사람들이며, 우리를 비교적 잘 알고 있습니다. 그들 중에는 기독교인에 대한 실망과 오해를 가진 사람들이 있습니다. 그것을 가장 효과적으로 교정할 수 있는 사람이 바로 저와 여러분입니다. 그들을 사랑하십시오. 논쟁이나 설명보다 친절하고 따뜻한 관계를 유지하면서 기회를 만들어 보십시오.

직장 동료는 가족 이상으로 가깝게 지내는 사람들이며, 전도의 중요한 대상들입니다. 우리는 그들에게 그리스도인으로서 모범을 보여야 할 책임이 있습니다. 우리의 언어와 행동, 생활을 직장 동료가 보고 있습니다. 그 사람들은 성경은 읽지 않지만 우리를 통해서 기독교가 뭔지 짐작하는 것입니다. 그래서 성경은 우리가 그리스도의 편지이며 향기라고 말하고 있습니다.

북한의 어린아이들이 무용하는 것을 보셨습니까? 군인같은 몸짓과 노래와 행동을 보면서 북한의 실상을 짐작할 수 있습니다. 어린아이들이 군인이나 기계처럼 훈련받은 것을 느낍니다.

마찬가지로 주변의 사람들은 우리의 말과 행동을 보면서 예수 믿는 사람이 어떤지, 또 교회에서 무얼 배우는지 짐작합니다. 그들에게 주님과 교회에 관한 잘못된 정보를 전하지 마십시오.

교회 안에서 우리끼리 잘 하는 것은 아무 소용이 없습니다. 예배 끝나고 밖에 나가서, 차를 운전하면서, 직장에서, 학교에서의 모습을 통해 우리의 진짜 모습이 결정되는 것입니다. 우리의 신중하고 진실하고 밝은, 생활 속의 모습을 통해서 세상 사람들이 참된 신앙의 힘과 의미를 알게 됩니다.

개인 전도

개인 전도에 대해 이렇게 설명할 수 있습니다. 500개쯤 되는 물병에 바가지로 물을 확 끼얹습니다. 그러면 모든 병의 겉면에 물이 묻을 수도 있어도, 물이 병 속으로 들어가 꽉 차게 되는 경우는 없습니다. 개인 전도는 500개의 물병 가운데서 하나를 꺼내, 그 병에 물을 붓는 것입니다. 그러면 다른 것은 물이 안 묻지만 이 병 하나는 꽉 채울 수 있게 됩니다. 그것이 효과적인 개인 전도입니다.

일생에 한 두 명이라도 끈기 있게 전도하여 그 마음에 그리스도께서 들어가시게만 하면, 천국 백성으로 인도하는 것이요, 하나님께서 기뻐하시는 일을 하는 것입니다.

주변에 불신자들이 있는 한, 우리는 모두 삶의 현장으로 파송된 선교사와 같습니다. 복음의 내용이 잘 담겨 있는 설교 테입이나 CD, 신앙 도서를 선물해보십시오. 생일이나 기념일을 기억하여 선물한다면 더 효과적입니다.

믿음은 들음에서 말미암는다는 성경 말씀처럼, 좋은 설교를 들을 수 있도록 건강한 교회와 집회에 초청하십시오. 가정으로 초청하여 그리스도인이 생활하는 모습을 자연스럽게 보여 주고, 복음에 관심을 갖게 하십시오. 아프거나 어려운 일을 당했으면 심방을 통해 진실한 마음으로 위로하고 간절히 기도해 주십시오.

질병으로 고통 당하는 사람에게는 위로가 필요합니다. 아무리 대단하고 건강한 사람도 아프면 누군가가 위로해 주기를 원합니다. 위로할 말이 없으면 그의 말을 들어 주거나 조용히 곁에 있어 주면서 손을 꼭 잡아주십시오. 진실이 담긴 행동은 돌같은 마음도 녹입니다.

우리의 유창한 말이나 논리적인 설득으로 예수님을 믿게 할 수도 있지만, 믿지 않는 사람의 더 설득력 있는 논리에 질 수도 있습니다. 당대 최고의 교육기관에서 수양했던 사도 바울도, 한 사람이 죄를 버리고 예수님을 믿는 것이 과연 어떻게 가능한지를 이렇게 말하고 있습니다.

"내 말과 내 전도함이 지혜의 권하는 말로 하지 아니하고 다만 성령의 나타남과 능력으로 하여, 너희 믿음이 사람의 지혜에 있지 아니하고 다만 하나님의 능력에 있게 하려 하였노라" (고전 2:4-5).

사도 바울은 자신의 지식과 지혜로 전도한 것이 아니라, 하나님의 능력이 하게 하셨다고 말합니다. 그래서 천하보다 귀한 한 영혼이 주님께 돌아오게 하려면 간절하고 끈질긴 기도의 뒷받침이 있어야 합니다. 지금 어떤 사람을 위해서 기도하고 있습니까? 얼마 동안 기도했습니까?

죠지 뮬러는 평생동안 다섯 명의 친구들을 위해 기도했다고 합니다. 네 명의 친구들은 죠지 뮬러가 죽기 전에 예수님을 믿었지만, 남은 한 명은 복음을 받아들이지 않았습니다. 그러나 뮬러의 장례식 후, 남은 친구도 예수를 믿게 되었습니다. 뮬러가 죽는 모습이 너무나 아름다워서 예수님을 믿게 되었다고 합니다. 목말라 하는 말을 물가로 이끌어 올 수는 있지만 물을 마시게 할 수 없는 것처럼, 우리가 전도하는 사람이 진정한 회개와 믿음을 갖게 하는 것은 하나님께서 하실 일입니다.

다양한 전도 대상자를 만날 때
첫째, 복음에 대해 무관심한 자에게 어떻게 해야 할까요?
예수 이야기만 하면 고개를 돌릴 정도로 관심이 없는 사람, 귀와 마음을 꼭 닫아버리는 사람이 있습니다. 그런 사람은 아직 목이 마르지 않은 것입니다. 목이 마르지 않은데 물을 주면 마시지 않습니다. 우선 그의 목이 타게 하십시오. 목이 타게 하려면 소금을 먹이면 됩니다. 즉, 소금과 빛처럼 사는 아름다운 그리스도인의 삶을 통해 도전 받고 복음에 관심을 갖게 하십시오. 불신자가 훌륭한 그리스도인을 볼 때, 이런 질문이 나오게 하십시오.

"뭐가 그렇게 기쁘고 신나죠? 나라가 이 모양이고, 가정도 이 모양인데!" 이런 의문을 갖게 만드는 것이 목마르게 하는 것입니다. 불안한 세대에 평안을 누리며 사는 것을 보여 주십시오. 하나님의 공급하심으로, 부족해도 행복한 삶의 모습을 보여 주십시오. 그것이 바로 소금을 먹이는 것과 같습니다. 그러면 목이 탈 것입니다. 목마른 사람은 물을 찾습니다. 그때 생수의 복음이 전해지면 훨씬 쉽게 받아들입니다.

둘째, 복음에 대하여 오해하고 있는 사람을 어떻게 할까요?

"착하게 살면 되는 거지, 모두 다 쓸데없는 소리야"라고 말하는 사람이 있습니다. "예수 믿는다는 사람도 별로 나을 게 없더라." 이렇게 말하기도 합니다. 그뿐 아니라 착한 행위, 종교 예식, 주일 성수를 하는 등 인간의 노력으로 천국에 가는 것으로 오해하는 사람이 우리 주변에 아주 많습니다.

남의 물건을 훔친 적이 없고, 사기를 치거나 강도 짓도 한 적이 없으니, 자신은 괜찮다는 식입니다. 주위 사람들에게 착하다는 말을 듣고 살아도, 문제는 마음 속에 버릴 수 없는 깊은 죄책감과 불안, 두려움이 있습니다.

평강의 주인이시며 진정한 영혼의 안식을 주시는 하나님을 모르는 사람은 결코 평안을 모르며 그 마음에 쉼이 없습니다. 몸은 쉴 수 있어도 여전히 영적 죽음에 대한 두려움 속에 있는 것입니다. 형식적이며 의식적인 종교와 생명의 복음을 혼돈하는 이들에게도 마찬가지입니다. 그런 이에게는 우리가 죄인이기 때문에 아무리 깨끗하게 살아도 하나님의 기준에 도달할 수 없다는 것을 가르쳐 주어야 하고, 은혜로 구원받는 것을 설명해 주어야 합니다. 복음의 핵심을 가르치십시오.

셋째, 예수를 믿는다고 하면서 아무런 변화도 없고 미지근한 사람을 어떻게 할까요?

교회는 왔다갔다 하면서도 결단하지 못하는 사람입니다. 참된 믿음의 의미를 잘 모르는 경우가 많습니다. 막연하게 하나님을 믿는다고 하는 수준에 머무는 사람은 죄의 심각성을 모릅니다. 성경이 말하는 진정한 의미의 회개가 무엇인지 모르는 것입니다. 그런 이들에게는 진정한 회개와 함께 믿음을 구체적으로 설명하고 주님을 영접하게 하는 것이 필요합니다.

죄에 대해서 냉철하게 가르쳐 주어야 합니다. 진정으로 예수님을 믿고 영접하면 새로운 피조물이 되기 때문에 그런 사람은 그런 과정이 빠져 있을 것입니다. 예수 그리스도를 마음에 영접하고 입으로 시인하게 하면 끈의 매듭처럼 결단이 분명해집니다. 성령이 오시면 반드시 변하게 됩니다. 옛 사람이 죽고 새 사람으로 사는 것이 무엇인지 가르쳐야 합니다.

넷째, 신앙에 의심을 가진 사람을 어떻게 할까요?

세월이 지나면 저절로 믿어질 것이라고 생각하는 것은 큰 오산입니다. 절대로 그렇지 않습니다. 주일에 예배 드릴 때는 바로 죽어도 천국에 갈 것 같다가, 주중에는 전혀 확신이 없는 사람이 되어 버립니다. 선한 일을 할 때는 신앙이 견고한 것 같은데, 문제에 휩싸이다 보면 또 의심이 밀려오는 것입니다.

설교를 듣고 감동을 받아서 교회를 나설 때는 자신도 좋은 그리스도인처럼 느껴지지만, 며칠 지나지 않아, 다시 의심과 혼돈에 빠집니다. 이런 사람들은 대부분 자신의 느낌이나 상태에 따라서 자꾸 변하는 것이 일반적입니다. 기분이 고조되어 있을 때는 기뻐하다가 조금만 실망하거나 실수하면 금방 불신자처럼 변합니다. 이런 때는 변함없는 성경 말씀이 우리의 구원을 확인해 주는 가장 결정적인 영수증인 것을 알려 주어야 합니다.

왜 자꾸 의심이 생길까요? 그동안 많이 속아왔기 때문에 그렇습니다. 하나님 말씀이라는 영수증을 분명히 잡게 해주면 다음부터는 의심하지 않게 됩니다. 사실 전도해야 할 대상자는 교회 밖에만 있는 것이 아니라 교회 안에도 많습니다. 그런 이들을 구체적으로 도와 줄 수 있어야 합니다. 교회에 다니기 때문에 자동적으로 천국에 갈 수 있을 것이라고 착각하는 사람들에게 복음에 대한 구체적인 깨달음을 얻도록 도와주십시오.

전도의 장애물 제거하기
옛날이나 지금이나 복음을 전하는 것이 쉬운 때는 없었습니다.

그것은 죄라는 쇠사슬로 사람을 얽어 맨 사단과의 영적인 싸움이기 때문입니다. 영적 싸움은 전신갑주를 입은 십자가의 군사들이 대장되신 예수님의 지시를 따라 싸울 때 승리할 수 있습니다.

"내가 아니어도 전도할 사람이 많다"는 생각이 전도의 가장 큰 장애물입니다. 우선 전도는 특별한 열정이나 은사를 가진 사람만 하는 것이지 자신에게는 해당되지 않는다고 생각하지 마십시오. 물론 남보다 전도에 불같은 열심을 가진 데다가 훈련도 잘 된 이들이 있습니다. 그런데 오래 믿은 이들보다 갓 믿은 사람들이 더 전도를 잘 한다는 것을 아십니까?

교회 생활을 오래 하다 보면 주변에 믿는 친구들이 대부분인데, 근래에 믿은 이들은 불신자 친구가 더 많기 때문입니다. 전도하고자 하는 마음만 있다면 방법은 많습니다. 전도해야겠다는 결심만 확고하면 길은 열리게 되어 있습니다.

전도하고 싶지만 거절당할까 하는 두려움 때문에 시도하지 못하는 사람들이 있습니다. 저에게도 그런 경험이 많이 있습니다.

대학에서 전도학을 가르칠 때, 학생들과 짝을 지어 전도하러 나갔다가 정면에서 거절 당한 적이 참 많았습니다. 전도할 때 싫다고 고개를 확 돌리며 돌아서는 사람이 있습니다. 그들은 전도자를 거절하는 것이 아니고, 복음을 몰라서 거절하는 것입니다. 예수님의 제자들이 전도할 때도 많은 거절을 당했고, 예수님도 전도하실 때 동네 사람들이 쫓아와서 낭떠러지에 떠밀어 버릴 정도였습니다.

두렵기는 합니다. 두려워도 할 것은 해야 하지 않겠습니까? 전도할 때마다 사람들이 쉽게 믿는다면 무엇이 걱정이고, 기도 제목이 되겠습니까? 전도에는 실패가 없습니다. 실패처럼 보이지만 시간이 더 걸릴 뿐입니다.

전도가 힘든 이유 중에 하나는 전도하는 구체적인 방법을 모르기 때문입니다. 그래서 전도의 성공률이 희박합니다. 모르면 배우고 실습하십시오.

예전에 수영을 배울 때, 교사가 수영 교본을 주면서 내용을 잘 읽어 오라고 했습니다. 그래서 조금 우습지만 제가 안방에서 배를 깔고 허우적거려 보았습니다. 그렇지만 안방에서 아무리 연습을 잘한다고 해서 수영 선수가 될 수 있을까요? 그 다음에는 수영장에서 연습을 했습니다. 거기서도 제법 잘했습니다.

그런데 막상 물 속에 들어가니 밑으로 쑥 내려가버렸습니다. 수영을 어떻게 배웁니까? 물에 들어가서 물을 몇 번 먹어야 합니다. 물을 안 먹으려고 고개를 위로 들다보니 자꾸 몸이 서게 되고, 힘이 들어가 깊이 빠지는 것입니다. 한 두 번, 물을 먹을 각오를 하고 머리를 물에 집어넣으면 조금씩 뜨게 되는 것입니다.

전도는 어디에서 배웁니까? 교실에서 아무리 배워도 소용없습니다. 나가서 경험해야 합니다. 창피도 당해 보고 두려움도 당해 보고, 대답을 못해서 쩔쩔매다가 전화로, "목사님, 이럴 때 어떻게 대답할까요?' 라고 질문도 몇 번 해봐야 합니다. 그 다음부터는 요령이 생깁니다. 그것이 훈련입니다. 그것이 싫어서 하지 않는다면, 사랑하는 사람에게 평생 전도하지 못합니다. 신앙의 기쁨도 없을 것이고, 성장도 오지 않습니다.

믿음의 결신을 미루는 많은 핑계들
"너무 죄가 많아서 교회에 나가기가 어렵습니다."

예수님은 의인을 부르러 오신 것이 아닙니다. 스스로 죄인인 것을 아는 자를 불러 회개시키려고 오셨습니다. 그러니까 죄가 많다고 생각하는 사람은 일등 후보자인 셈입니다. 그 사람은 교회에 일등으로 나올 사람입니다. 죄가 많아서 교회에 가지 못한다는 것은, 몸에 때가 많아서 공중 목욕탕에 갈 수 없다는 우스운 핑계와도 같습니다.

"나는 남에게 해를 끼치지 않고 살았습니다."

그러나 하나님의 기준이나 양심에 비추면 부끄럽지 않은 사람이 없습니다. 양심을 속이지 마십시오. 성경은 모든 사람이 죄를 범해서 하나님의 영광이라는 기준에 미치지 못한다고 말합니다. 성경은 진리입니다. 죄없는 사람은 절대로 없습니다.

"나는 예수 믿기에 너무 늦은 것 같습니다."

너무 늦은 사람은 아무도 없습니다. 임종을 몇 시간 앞둔 사람에게 여러 번 전도한 적이 있습니다. 이상한 우상을 믿던 이에게 숨이 넘어가기 몇 시간 전에 예수님을 전했더니, 기쁨으로 영접하고 죽는 것을 보았습니다. 예수님께서 십자가에 달려 돌아가실 때, 두 명의 강도 중 한 명이, 이렇게 말합니다. "예수님, 당신의 나라에 임하실 때 저를 기억해 주세요." 죽기 전의 이 한 마디 때문에 아브라함의 품에, 예수님과 같이 낙원에 들어간 사람도 있습니다.

너무 늦은 사람은 아무도 없습니다. 심지어 눈으로 보지도 못하고, 냄새도 못 맡고, 맥박이 다 끊어진 사람에게도 저는 귀에 대고 전도했습니다. 그들이 믿고 주님께 돌아왔습니다. 아무리 늦어도 믿고자 하는 진실한 마음만 있으면 됩니다.

"아직 너무 젊어서 종교에 얽매이고 싶지 않습니다."

젊음은 잠깐입니다. 나이가 지긋한 분들도 항상 자신은 아직 젊었다고 생각합니다. 그보다 더 중요한 것은 종교와 복음을 구별해야 하는 것입니다. 기독교를 하나의 종교로 보면 그건 고역입니다.

"진리를 알지니 진리가 너희를 자유케 하리라"고 성경은 말씀합니다. 예수님을 믿으면 양심에 진정한 자유가 오는 것입니다. 얽매이는 것이 아닙니다. 복음을 통해서 진정한 자유를 얻으십시오.

젊을수록 더욱 좋습니다. 청년의 때에 바른 길을 찾으면 이후의 삶이 훨씬 멋지고 값질 것입니다.

"죄를 버리려고 해도 안 됩니다."

그것은 핑계입니다. 정말 죄를 떠나기 원하면 피흘리기까지 싸우고 또 하나님의 도우심을 받으십시오. 종종 죄가 우리를 붙잡고 있는 것이 아니라 우리 스스로 죄를 즐기고 있는 것은 아닐까요?

끊어야 할 것이 있으면 힘들다고 한탄만 하지 말고, 당장 손을 떼십시오. 그리고 기도하십시오.

"내가 예수를 믿으면 다른 종교를 믿는 우리 집안에서 난리가 날 것입니다." 그것 또한 주님은 미리 알고 계십니다. 고난이 있을 수 있습니다. 그렇지만 그것이 온 가족을 살리는 길입니다. 다투거나 충돌하지 말고, 오래 참으면서 참된 신앙인의 긍정적인 모습을 보여주십시오. 믿는 것인지 안 믿는 것인지 희미하면 오히려 입장이 곤란해지고 전도가 더 어려워집니다. 분명한 태도를 가져야 합니다. 어려움이 오더라도 끝까지 인내하십시오.

"전에 믿어 봤지만 오래 가지 못했습니다."
대부분 신앙을 잘못 배웠거나, 기초가 약하거나, 성령의 도우심을 받지 않았거나, 거듭나지 못했거나, 그냥 교회에 들락날락했을 가능성이 많은 이들에게서 나타나는 모습입니다.

성령으로 거듭나지 않고 교회를 다니다 보면 인간 관계에서 실망하기도 하고, 마음속에 새로운 변화가 없기 때문에 쉽게 지루해집니다. 어느 기간 동안 열심을 낼 수도 있지만 근본적인 변화가 없기 때문에 지속성이 없습니다. 그런 사람은 진실한 회개와 거듭남이 있었는지 확인해야 합니다.

"예수님을 믿으면 포기해야 할 것이 너무 많습니다."

　술과 담배를 끊어야 하고, 재미있는 곳에도 가지 못할 것이라는 말이겠지요. 그런데 사실 신앙인에게 금하고 있는 것들은 대부분 예수님을 믿지 않아도 버려야 할 것들입니다. 예수님을 믿고도 얼마나 멋지게 살 수 있는지를 우리가 보여주어야 합니다.

　예수 믿으면 근엄해서 웃지도 않고, 항상 거룩한 모습으로 이상하게만 산다는 그런 편견을 갖지 마십시오. 예수 믿는 사람에게는 더 가치 있고 귀한 것들이 가득합니다.

"사회에 나가서 신앙을 지속하기가 불가능할 것입니다."

　"제 주위에는 전부 안 믿는 사람이라서 나 혼자 예수 믿었다가는 회사에 가서도 아마 직장생활을 못할 걸요. 힘들 겁니다. 술자리도 그렇고 여러 모임들 때문에…." 이것이 우리의 현실입니다. 이 세상은 천국도 아니고 교회를 사랑하는 사람들만 있는 것도 아닙니다. 그러나 성경은 말합니다.

　"내게 능력 주시는 자 안에서 내가 모든 것을 할 수 있느니라"(빌 4:13). 하나님께서 도와 주신다고 하셨습니다.

　유혹을 극복하고자 노력하고, 교역자와 성도들의 도움을 받으십시오. 그것이 바로 영적 싸움인데, 우리를 사랑하시는 주님을 통해 승리자가 될 수 있습니다.

"아무런 느낌도 없습니다."

신앙은 느낌과 감정 이상의 것입니다. 확실한 결단과 하나님의 말씀을 붙잡으면 믿음은 지속됩니다. 기쁨과 감동은 그 후에 따라 오는 것입니다. 눈물, 환상, 신유나 특별한 감정이 생기지 않아도 하나님의 약속의 말씀은 불변합니다. 감정은 하루에도 수없이 변합니다. 그러나 변함없는 하나님을 의지하십시오.

"성경에는 이해할 수 없는 것들이 너무 많습니다."

아무나 이해되는 성경이 아닙니다. 성경박사들만이 성경을 아는 것이 아닙니다. 철학자가 아는 것이 성경이 아닙니다. 하나님을 아는 사람이 성경을 아는 사람입니다. 모든 성경은 하나님의 감동으로 된 것으로 교훈과 책망과 바르게 함과 의로 교육하기에 유익하기 때문에, 하나님의 감동을 받은 사람이 깨닫는 것이 성경입니다.

한글과 영어를 하나도 모르거나 글씨만 간신히 아는 사람도 성경을 읽고 감동을 받는데, 석사, 박사가 성경을 읽고도 하나도 알아듣지 못합니다. 왜 그럴까요? 성경은 영에 속한 사람이 읽는 것이기 때문입니다. 성경을 바르게 공부하면 조금씩 이해가 됩니다. 날마다 성경을 읽고 공부하며 순종해보십시오. 그 말씀이 생활 속에서 경험되면서 성경과 더욱 가까워집니다.

"예수 믿는 사람들도 불신자와 별로 다르지 않아 보입니다."

"똑같이 욕하고, 똑같이 거짓말하고, 똑같이 사기 치고 그러던데요?" 그것은 누구의 잘못입니까? 믿는 사람들의 잘못입니다. 그런 성도가 있는 것은 사실입니다. 그러나 믿음의 초점을 사람들에게 두지 말고 예수님께 두십시오. 돌팔이 의사에 관한 기사를 많이 읽습니다. 그렇다고 "난 가짜 의사가 많으니까 아파도 병원에 안 갈 거야" 하는 사람이 어디 있습니까? 좋은 의사가 분명히 있습니다.

정말 실력 있는 의사들이 훨씬 더 많기 때문에 환자들이 찾아가는 것과 같습니다. 가짜 교인뿐만 아니라 엉터리 교인도 있습니다. 그러나 진짜 그리스도인이 더 많습니다.

"교회에 가면 설교가 지루하고 잘 이해되지 않습니다."
설교를 들으면서 교인이 잠을 잔다면 그건 일단 설교자의 책임입니다. 사람을 살리는 기상나팔과 같은 말씀을 자장가로 전하고 있기 때문입니다. 어떤 사람이 설교 중에 졸고 있어서 목사가 그 옆에 앉은 권사님께 좀 깨우라고 했더니, "목사님이 재워놓고 왜 저한테 깨우라고 하세요?" 그러더랍니다.

설교가 즐거운 코미디언의 말처럼 전달될 수는 없는 것입니다. 듣기 좋은 말만 들으려 하지 말고, 양심을 찌르는 말도 경청하십시오. 아무리 필요한 말씀이라도 내가 아니라 남에게 하는 설교로만 생각하면 그냥 귀를 스쳐 지나갑니다. 그러나 내게 주시는 하나님의 말씀으로 들으십시오.

신체적으로 너무 고단하지 않아야 하고 마음이 혼란스러우면 집중이 안 됩니다.

"나중에 믿고 싶습니다."

아무도 내일 일을 알지 못합니다. 오늘 밖에는 우리에게 확실한 날이 없습니다. 이제 그만 미루십시오. 사단의 음성에 속지 마십시오. 나중에 믿고 싶을 때 그렇게 마음대로 믿어지는 것이 아닙니다. 결신에는 때가 있습니다. 성경은 "오늘이 구원 받을 만한 때요, 오늘이 구원 받을 만한 날"이라고 말합니다.

"저는 모태신앙이지만 교회 생활에 아무런 감격도 받지 못했습니다." 성령으로 거듭났는지 확인하십시오. 하나님의 자녀가 되는 것은 혈통이나 육정이나 사람의 뜻으로 되는 것이 아니라고 성경은 말합니다(요 1:13). 하나님의 말씀에 불순종하고 있는지 점검하십시오. 생명이 있으면 속도의 차이는 있으나 반드시 변하고 자랍니다. 생명의 말씀이 마음 밭에 떨어진 후 관리만 제대로 하면, 반드시 싹이 나고 꽃이 필 것입니다.

불신자들이 자주 묻는 질문들에 대한 준비

1. 사랑의 하나님이라고 말하면서 왜 지옥을 없애지 않습니까?

원래 지옥은 사단과 그의 추종자들을 위해서 준비된 영원한 불과 같습니다 (마 25:41). 법을 준수하기 위해 범죄자를 다루는 교도소가 있는 것처럼, 죄와 악에 대한 영원한 심판을 위해서 지옥이 있습니다. 지옥은 하나님께서 만드신 것이 아니며, 결국 사단과 그 추종자들이 들어갈 것입니다.

2. 세상에는 종교가 많은데 꼭 예수를 믿어야 합니까?

성경에는 "예수님만 길이요, 진리요 생명"(요 14:6)되시며 구원받을 다른 이름이 없다고 했습니다. 아무 종교나 잘 믿으면 되지 않습니까? 라고 질문하는 사람들이 있습니다. 결코 그렇지 않습니다. 세상에 이상한 종교가 얼마나 많은지 모릅니다.

생명 되신 예수님을 자신의 주님으로 영접하기 전까지 천국에는 절대로 갈 수 없습니다.

3. 하나님이 정말 존재하는지 확실한 증거가 있습니까?

하나님이 계시지 않다는 증거는 더욱 없습니다. 온 세상 만물을 보면서 하나님이 계시다는 것을 증명하기는 쉬워도, 하나님이 계시지 않다고 증명하기는 어렵다는 말입니다. 자연과 생명의 신비와 우리 삶의 변화가 하나님을 증명합니다. 모스크바에 안 가본 사람도 다른 사람의 말을 듣고 러시아에 모스크바 라는 도시가 있다는 것을 압니다. 우리 지식의 95%가 남에게서 들은 것입니다.

하나님이 계신 것은 하나님을 경험한 이들이 말해 주면 됩니다. 저의 인생이 변화된 것을 보면 하나님은 반드시 계십니다. 제가 이해할 수 없고 설명할 수 없는 것들이 세상에 너무나 많습니다.

어거스틴의 말처럼 "믿음은 보이지 않는 것을 보는 것처럼 받아들이고, 그 결과를 정말로 보게 되는 것" 입니다.

4. 기적이 정말 가능할까요?

과거에는 천리를 떨어진 사람과 대화한다는 것이 기적처럼 생각되었지만 지금은 전화 한 통이면 해결됩니다. 영국에서 일어나는 사건을 같은 시간에 미국에서 볼 수 있습니다. 아마도 이런 일들이 과거에는 하나님께만 해당된다고 생각했을 것입니다. 그렇지만 지금은 세상 구석구석에서 일어나는 일들을 실시간으로 자기 집 안방에서 인터넷으로 봅니다. 우리에게 기적인 것이 하나님께는 평범한 것일 수 있습니다. 실제로 우리 삶 속에 기적은 늘 있습니다. 우리는 믿을 수 없는 것을 기적이라고 말합니다.

하나님은 우리의 지식과 생각보다 높으신 분입니다. 자신이 모른다고 해서 기적을 반대하지 마십시오. 무식이 드러날 뿐입니다. 하나님께는 상식인 것이 우리에게는 기적입니다.

5. 성경이 정말 믿을 만합니까?

성경을 믿고 인생이 변하고 역사가 바뀌었습니다. 지금도 성경을 믿는 사람은 풍요한 인생을 삽니다. 1500년에 걸쳐 40여 명이 집필했는데 다 모으니 처음부터 끝까지 한 스토리의 성경책이 되었습니다. 집필한 사람들은 다르지만 원 저자는 하나님, 한 분이시기 때문입니다. 자신의 작은 지식과 경험으로 분석하려고 하지 말고, 믿음으로 시작하면 알게 됩니다.

불신자들이 하는 질문 중에는 답변하기가 너무 어려운 것들도 있습니다. 정확하게 알지 못하는 것을 인정하고 아는 부분만을 말하십시오. 성경에 분명하게 기록되어 있지 않은 것은 아무도 모르는 것이며, 또 꼭 알 필요가 없을지도 모릅니다. 성경에 기록된 것을 벗어나면 오류가 생기고 이단적인 요소가 생기게 됩니다.

이렇게 말해보십시오. "예수님 믿으면 좋습니다. 제 마음이 기쁩니다. 예수님 믿고 마음에 노래가 생겼습니다. 예수님 믿고 나는 죽음이 두렵지 않게 되었습니다."

전도자에게 주시는 하나님의 상급

집을 나갔던 아들이 다시 돌아오자 아버지는 잔치를 열고 모든 사람들과 함께 기뻐했습니다. 한 사람이 회개하고 주님께 돌아오면 하늘의 천사들과 함께하는 기쁜 잔치가 벌어집니다. 그리고 하나님을 만나게 되는 어느 날, 우리는 우리가 전도한 사람들이 영광스런 상급인 것을 알게 될 것입니다. 그뿐 아니라 사도 바울의 고백처럼 이제는 의의 면류관을 받을 준비를 하게 됩니다.

착하고 충성된 종이 받을 놀라운 사랑과 상급을 기대할 수 있습니다. 전도는 장난이 아닙니다. 해도 되고 안 해도 되는, 다른 사람은 하게 하고 자신은 쉬는, 그런 것이 아닙니다.

전도의 기쁨을 누리는 자가 되십시오!

"눈물을 흘리며 씨를 뿌리는 자는 기쁨으로 거두리로다 울며 씨를 뿌리러 나가는 자는 정녕 기쁨으로 그 단을 가지고 돌아오리로다" (시 126:5-6).

1880년대, 3명의 한국 사람이 중국에서 노역을 하는 중 복음을 듣고 기독교인이 되었습니다. 그들은 본국에 예수를 전하고 싶었지만 당시 한국은 기독교가 금지되어 있었습니다. 한 사람이 중국어 성경을 짐 속에 숨겨서 국경을 넘다가 검문 중에 발각되어, 사형되었습니다. 그 소식을 들은 다른 친구가 이번에는, 성경을 찢어 가방 여기 저기로 분산해 숨기고 먼 길을 걸어 왔지만 그 사람도 검문소에서 발각되어 사형되었습니다. 세 번째 사람은 고민하다가 성경 전체를 한 장씩 떼어서 작은 노끈처럼 엮었습니다. 국경 검문소에서 조사를 받았지만 짐 안에서 아무 것도 발견되지 않았습니다. 그는 고향에 돌아와 조심스럽게 밧줄을 풀어서 한 페이지씩 다시 순서대로 맞추었고, 결국 성경 한 권을 만들었습니다. 그 성경책으로 전도가 시작되어 1880년 중반에 서양 선교사가 한국에 들어왔을 때, 이미 한국 땅에는 예수를 믿는 사람들이 있었습니다. 하나님께서는 목숨을 걸고 씨를 뿌린 전도자의 수고에 열매를 맺게 하신 것입니다.

– Ted Engstrom, 「What in the World is God Doing?」 중

어떻게 헌금할까?

예수님이 십자가에서 마지막 제물이 되심으로
제물을 드리는 제사가 더 이상 필요치 않게 되었습니다.

이제는 은혜에 감사하는 마음으로
헌금과 헌물을 드려야 합니다.
바르게 드리는 자에게 선하고 좋은 일이
넘치게 된다고 하나님께서 약속하셨습니다.

진실한 헌금 생활은 하늘에
보물을 쌓는 것과도 같습니다.

믿음 · 성경 · 기도 · 예배 · 전도 · **헌금** · 봉사 · 유혹 · 고난 · 인도하심

고린도후서 9장 6~7절

"이것이 곧 적게 심는 자는 적게 거두고 많이 심는 자는 많이 거둔다 하는 말이로다 각각 그 마음에 정한 대로 할 것이요 인색함으로나 억지로 하지 말지니 하나님은 즐겨 내는 자를 사랑하시느니라."

신앙생활을 처음하는 사람들에게서 자주 듣게 되는 말들이 있습니다. "설교 시간이 너무 지루해요", "모범이 되는 교인들이 별로 없군요", "돈 이야기가 너무 많습니다" 등입니다.

예수님을 믿은 지 얼마 되지 않았을 때, 친구를 따라 갔던 세 곳의 교회에서, 공교롭게도 세 번 모두 헌금에 관한 설교를 들었습니다. 어느 교회에 갔더니 건축헌금을 내라고 목사님이 야단을 치는데, 건축 헌금이 뭔지 잘 몰라서 주눅이 들었고, 두 번째 교회에서는 절기 헌금을 내라고 했습니다. 세 번째는 어떤 헌금인지 기억도 잘 안 나지만 빈 봉투를 다 나눠 주면서 금액을 쓰라고 했던 기억이 떠오릅니다. 그때, "아무튼 교회에 다니려면 돈도 좀 있어야겠구나"라는 생각을 했습니다. 이런 일이 있다 보니 설교자들이 돈에 관한 설교를 부담으로 여기거나 아예 돈에 관한 것은 나쁜 것처럼 생각합니다. 그러나 예수님을 영접하고 30여 년을 지내오면서, 돈 문제가 신앙과 중요한 관계로 연결되어 있음을 깨닫게 되었습니다. 헌금에 대해 제대로 배우지 못했기 때문에 오랫동안 신앙생활을 했어도 자주 의혹에 빠지고, 신앙의 전반적인 문제로 인해 갈팡질팡하는 분들이 많습니다.

특히 요즘 젊은 세대들 대부분은 신앙과 돈에 관하여 설교를 듣기 싫어하고, 또 들어도 그대로 순종하지 않습니다. 그래서 헌금에 대하여 바르게 배우지 못한 사람들이 전보다 더 많아졌습니다. 어느 통계 조사에 의하면 40세 이하 세대는 교회나 자선 단체에 소득의 약 2% 정도를 보낸다고 합니다. 50대에 속한 세대에게 "성도는 어떻게 헌금해야 하는가?"를 물으면 대개 십일조를 내야 한다고 답변한답니다. 젊은 세대들은 이런 대답을 하지 않습니다. 성경이 가르쳐주는 십일조에 관해서 제대로 배우지 않았기 때문입니다. 만 원짜리 점심 먹고, 7~8천 원 하는 영화 보고, 교회 헌금도 만 원 정도면 적당하다고 생각하는 사람이 많습니다.

어느 큰 교회 목사의 아버지가 예수님을 잘 믿지 않았습니다. 그런데 아들이 그 교회의 담임 목사니까 아들 때문에 매주 교회에 따라나왔습니다. 가만히 살펴보니 대형 교회라서 헌금 주머니가 많은데, 다 걸어 가더랍니다. 예배가 끝난 후에 아들 목사에게 이렇게 말했다고 합니다. "너 그렇게 돈을 많이 벌면서 나는 왜 용돈을 조금 밖에 주지 않는 거니?"

헌금이 어떻게 쓰이는지를 전혀 모르기 때문에 생겨난 일화입니다. 제가 조그만 아이였을 때 교회의 헌금을 보면서 "저 헌금은 목사님이 모두 가져가나 보다…"라고 생각했던 기억이 떠오릅니다. 이 모든 것이 헌금에 대한 오해 때문에 생겨난 것입니다.

신앙과 생활에 있어서 돈은 대단히 중요한 요소 중 하나임이 분명합니다. 재물 관리에 실패하면 신앙생활이 바르게 세워지지 않습니다. 반면, 재물 관리에 성공하면 삶 전체가 풍성해집니다. 아무도 돈이나 재물을 초월하여 사는 사람은 없습니다. 황금 보기를 돌같이 하고, 십만 원짜리 수표가 길에 떨어진 것을 보고 단순한 종이로 여기는 사람이 있을까요? 재물은 우리의 현실이요, 삶의 중요한 한 부분입니다. "당신이 회심할 때 당신의 지갑도 회심해야 한다"는 말이 있습니다. 즉 진실로 죄를 회개하고 주님께로 돌이킨 사람은 그의 재정관리도 달라져야 한다는 것입니다. 그만큼 재물은 우리의 삶에 직접적이고 중요한 부분입니다.

헌금의 의미

구약 시대에는 유대인들이 하나님 앞에 나아갈 때 결코 빈손으로 가지 않고 제물을 드렸습니다. 그것은 소나 양일 수도 있고, 비둘기나 곡식일 수도 있었습니다. 성전에 갈 때는 예물을 드리러 간다는 생각이 일반적이었습니다. 그들은 그렇게 제물을 드림으로 지난 날의 죄를 용서받고 하나님의 백성인 것을 확인하려 했습니다. 그런데 예수님이 십자가에서 마지막 제물이 되신 신약 시대에는 제물을 드리는 제사가 더 이상 필요하지 않았습니다. 제사는 끝났으며 이제는 예배만 있을 뿐입니다. 이제는 은혜에 감사하는 마음으로 헌금과 헌물을 드리는 것이지, 죄를 용서받기 위한 제물이라고 말하지 않습니다. 그래서 요즘 교회에 있는 설교단은 제단(祭壇)이 아니라 강단(講壇)이라고 하는 것이 더 맞습니다. 말씀이 전파되고 가르쳐지는 곳이라는 뜻입니다.

헌금이란, 하나님께서 우리가 이 땅에 사는 동안 필요한 것들을 맡기셨는데, 그 중의 일부를 하나님의 일을 위해서 다시 돌려 드리는 것입니다.

언젠가 집회 때문에 한국에 방문하는 동안 어느 장로님께서 자신의 자동차를 내주셔서 편하게 다닌 적이 있습니다. 집회가 다 끝난 후에 제가 그 차를 가지고 왔겠습니까? 아닙니다. 그것은 제 차가 아니기 때문에 잘 사용한 후에 교회를 떠나면서 자동차 주인에게 감사한 마음으로 돌려 드렸습니다. 너무 당연한 것입니다. 차를 타고 다니다 보니까 좋고, 아주 편하다고 해서 그것을 내 것이라고 주장할 수 있습니까? 자신에게 있는 재물과 재산, 빌딩이 내 것 같습니까? 건강이 내 것 같습니까? 내 것이라면 내 맘대로 할 수 있지만 건강을 잃게 되면 내 것이 아님을 깨닫게 됩니다. 최선을 다하여 선한 일에 활용하여 좋은 열매를 맺고, 하나님께서 필요하시다고 하면 즉시 돌려 드려야만 합니다.

사실 죽을 때 우리가 무엇을 가져 갈 수 있습니까? 다 놓고 갈 수밖에 없습니다. 아무것도 내 것이 없기 때문입니다. 이 세상에 올 때 빈 손으로 왔기 때문에 갈 때에도 빈 손으로 가는 것입니다.

어느 시골 교회에서 한 설교자가 열정적으로 설교를 하고 있었습니다. "교회가 앞으로 잘 걸어가게 합시다!" 그러자 교인 중에 아멘을 잘 외치는 사람이, "아멘! 교회가 걷게 합시다!"라고 했습니다. 목사가 "이제는 교회가 달리게 합시다!"라고 하자, 그 사람은 "아멘! 교회가 달리게 합시다!"라고 또 응수했습니다. "앞으로는 교회가 높이 날게 합시다!"라고 하니, 또 "아멘! 이제는 교회가 날아갈 수 있게 합시다!"라고 답했습니다. 다시 목사가 "교회가 높이 날려면 여러분의 헌신과 헌금이 필요합니다"라고 말하자, 잠시 침묵이 흘렀고 그 교인은 "우리 교회는 날지 말고 그냥 걷게 합시다!"라고 외쳤답니다. 헌금을 드리는 것은, 하나님의 은혜에 대한 감사이며, 또한 하나님의 사랑에 보답하는 마음의 표현입니다.

전도사 시절, 한 교인은 자신에게 무엇인가 생기기만 하면 나눠 주었습니다. 집에 남는 거라고는 하나도 없을 것 같았습니다. 청년들과 교사들에게 무엇인가 항상 나누어 줍니다. 대단치 않은 것이라도 항상 교사와 학생들에게 나누는 것입니다. 받는 사람이 부끄럽지 않도록 즐겁게 주었습니다. 이후에 하나님께서 그분에게 축복해 주시는 것을 보았습니다.

왜 헌금해야 합니까?

우리가 가진 것 중에 하나님께로부터 받지 않은 것이 무엇입니까? 아무리 재산이 많고 대단한 사람의 자녀지만 옷을 입고 세상에 나온 사람이 없고, 돈을 가득 들고 나온 사람이 없습니다. 모두가 가진 것 없이 세상으로 왔습니다. 부모의 은혜도, 주변 사람의 사랑도 결국은 하나님의 은혜로 다 받은 것들입니다. 생명 역시 하나님이 주셨고, 건강과 가족과 일터도 하나님께서 허락하신 선물입니다. 재능과 재물, 신앙도 하나님께서 주신 것입니다.

"…네게 있는 것 중에 받지 아니한 것이 무엇이뇨 네가 받았은즉 어찌하여 받지 아니한 것같이 자랑하느뇨?" (고전 4:7).

사랑하는 사람에게는 언제나 더 좋은 것을 주고 싶은 것이 당연한 마음입니다. 사랑하는 자녀와 부모 그리고 애인에게까지 인색하게 한다면 그 사랑은 대단치 않은 것입니다. 자신에게 필요 없는 것만을 사랑하는 사람에게 주는 것이 진짜 사랑일까요? 하나님을 사랑하기 때문에 하나님께 드리는 것이 자연스럽고 즐거운 일이 되며, 더 자주 드리고 싶어져야 하는 것입니다.

예배의 내용 가운데는 찬양과 기도와 설교가 있고 또한 헌금이 포함되어 있습니다. 하나님의 선한 일을 이루기 위해서 헌금이 필요합니다. 헌금이 사용될 곳은 너무나 많습니다. 외국에 파송한 선교사를 돕는 일이 있습니다. 선교사를 돕는 것은 잠깐 동안 하는 것이 아니라 가능하면 평생 동안 돕는 것이 필요합니다. 교회의 좋은 프로그램을 개발하고 훌륭한 사역자들을 지원할 때도 헌금이 귀하게 쓰입니다. 장학금이나 구제를 위해서, 그리고 예배당이나 교회 시설을 건축하는 선한 일에 헌금이 사용됩니다. 어떤 식으로든지 정말 하나님의 사역을 위해서 사용되도록 해야 합니다. 그것이 바로 하늘에 보화를 쌓는 확실한 방법인 것입니다. "죽을 때는 아무것도 하늘 나라에 가져가지 못하지만, 죽기 전에 보낼 수 있다"는 말이 있습니다. 믿음을 가지고 감사하며 드리는 헌금은 결코 낭비가 아닙니다. 하나님의 놀라운 보상이 약속되어 있습니다.

"하나님이 능히 모든 은혜를 너희에게 넘치게 하시나니 이는 너희로 모든 일에 항상 모든 것이 넉넉하여 모든 착한 일을 넘치게 하게 하려 하심이라"(고후 9:8).

만일 예수님을 믿고도 오랫동안 너무 궁핍하여 불만과 갈등 가운데 산다면, 한 번 자신의 헌금 생활을 돌이켜 보십시오. 바르게 드리면 선하고 좋은 일이 넘치게 된다고 하나님께서 약속하셨습니다. 항상 받으려 하고, 움켜쥐려고만 한다고 해서 부자가 되지 않습니다. 진실한 헌금 생활은 하늘에 보물을 쌓는 것입니다. 주님을 위해서 시간과 재능을 바치는 것도 하늘에 귀한 보화를 쌓는 것입니다. 이 세상에서 살고 있지만 하늘에 보화를 쌓는 것만큼 가장 귀하고 값진 배당금이 주어지는 투자는 없습니다.

신앙생활 초기에 저는 직장 생활을 했습니다. 과거에는 월급을 직접 봉투에 넣어 주는 것이 일반적이었는데, 세금 내역과 함께 맨 마지막에는 실제로 받게 되는 금액이 적히게 됩니다. 아직 결혼 전이라, 직장에서 받는 월급 봉투를 가져 와 수령액 밑에다 십일조에 해당하는 금액을 쓴 후, 십일조를 제한 금액을 어머니께 드렸습니다. 십일조를 모르던 어머니께서 보시더니, "마지막은 네가 쓴 것이구나. 이게 뭐냐?" 제가 가만히 있었더니 "내가 벌써 눈치 챘다. 예배당에 내는 세금이지?" 그러셨습니다. 어떻게 답변해야 할지 망설이다가, "그건 세금이 아니고 하나님께 드리는 투자예요. 예금하는 거예요" 그랬더니 참 재미있는 질문을 하셨습니다. "이자가 높으냐?" 어머니는 성경을 전혀 모르시기 때문에 그렇게 말씀하셨습니다. 저도 웃으면서 대답을 다시 궁리하다가 하나님이 나중에 돌려주신다고 말했습니다. 그런데 나중에 어머니께서 예수님을 믿자마자 하셨던 첫 번째 헌신이, 막내딸이 보너스로 받아온 월급 전체를 다니시던 조그만 교회에 건축 헌금으로 드린 것입니다. 그리고 저에게 전화를 하셨습니다. "둘째야, 내가 내 일생 처음으로 내게 있는 것 전부를 하나님께 드렸단다." 그때의 감격을 평생 잊지 못합니다. 자신의 귀한 것을 드릴 때 진정한 헌신이 시작됩니다.

헌금했다고 해서 반드시 당장 물질적인 보상이 있을 것이라고 예상하지 마십시오. 어떤 사람은 얼마 동안 열심히 헌금했는데 왜 사업이 번창하지 않느냐고 묻기도 합니다. 6개월이나 1년 동안 십일조를 성실하게 드렸는데 사업이 계속 휘청거리니 속은 것이 아니냐는 식입니다. 하나님은 경우에 따라서는 돈의 가치를 뛰어넘는 더 귀한 것들로 우리에게 돌려주십니다. 돈으로 살 수 없는 가정의 평안과 마음의 기쁨을 받았다면 얼마나 좋습니까? 이 세상에는 돈보다 귀한 것들이 얼마든지 많기 때문입니다.

어떻게 헌금해야 할까요?

신약 성경에는 헌금에 대해서 최소한도나 최고액을 정해 놓고 있지 않습니다. 다만 "매주일 첫 날" 드릴 것과 "이를 얻은 대로 저축하여" 드리라고 말합니다(고전 16:2). 가진 것이 많은 사람만 많이 드린다고 생각하면 오산입니다. 우리 주위에는 많이 가졌지만 지독하게 인색한 사람이 있습니다. 자기 것을 위해서는 많이 쓰지만 이웃과 교회를 위해서는 전혀 나누지 않는 사람이 있습니다. 가진 것이 적음에도 불구하고, 잘 나누고 드리는 사람이 있습니다. 물론 아무것도 없어서 드리지 못하는 경우가 있지만, 가진 것보다 나눌 것이 있는 사람이 제대로 헌금하는 것입니다.

저는 대학 시절, 약간의 용돈과 버스표를 가지고 다녔습니다. 남의 집에서 가정 교사를 했던 시절인데 어느 날 대학 채플에서 은혜를 받았습니다. 말씀에 감동을 받고 헌금 시간에 용돈과 버스표까지 모두 드렸습니다. 예배가 끝나고 보니 집에 갈 차비조차 없었습니다. 그런데 하나님은 다른 것으로 예비하고 계셨습니다. 마침 학교 앞에서 만난 친구가 저의 상황을 알지도 못하는데, 먼저 교통비를 준 것입니다. 과부의 동전과 같은 적은 액수였지만, 제게 있는 모든 것을 다 드렸을 때, 새롭게 채워주시는 하나님의 은혜를 경험한 시간이었습니다.

성경에 대표적으로 아주 가난하면서도 풍성한 헌금을 한 교회가 있는데, 마게도냐 교회입니다. 마게도냐 교회는 작고 가난한 교회였습니다. 성경에 보니 가난한 중에도 아주 가난한 교회라고 했습니다. 소위 바닥까지 내려간, 정말 가난한 교회인데 어떻게 헌금을 할 수 있었을까요?

"환난의 많은 시련 가운데서 저희 넘치는 기쁨과 극한 가난이 저희로 풍성한 연보를 넘치도록 하게 하였느니라" (고후 8:2).

극과 극의 대조입니다. 너무 가난했는데도 불구하고 풍성한 연보를 드렸습니다. 이것이 가능할까요? 있는 것은 거의 다 드렸다고밖에는 생각할 수 없습니다. 이때 누구를 위해서 드렸습니까? 기근으로 죽어가는 예루살렘 교회를 위해서 드린 것입니다. 헌금액이 중요한 것이 아닙니다. 드리는 자세가 더욱 중요합니다. 부자가 백만 원을 헌금하는 것과, 가난한 사람이 십만 원을 헌금하는 것은 그것의 가치에서 다른 면을 보게 합니다. 오스왈드 스미드 목사님은 "당신이 얼마를 드렸는가를 계산하지 말고, 드린 후에 얼마가 남았는가를 보라"고 말했습니다.

요한 웨슬레의 헌금 생활은 우리에게 깊은 교훈을 줍니다. "최선을 다해서 벌라. 최선을 다해서 저축하라. 최선을 다해서 주라"라는 간단한 원리입니다. 그리고 그가 실제로 돈을 사용한 내역을 보면 수입이 30파운드였을 때는, 28파운드가 있어야 생활할 수 있기에 2파운드를 헌금으로 드렸습니다. 그런데 수입이 60파운드가 되었습니다. 그는 28파운드만 있으면 살 수 있기에 나머지 32파운드를 드렸습니다. 다음 해에 수입이 90파운드로 올랐습니다. 그는 여전히 28파운드만을 남기고 나머지를 모두 드렸습니다. "하나님께 어느 정도를 드리며 살고 있습니까?"

많이 심는 자가 많이 거둔다는 원칙을 기억하십시오. 얼마를 헌금할 것인지는 십일조 외에는 자신이 스스로 결정하면 됩니다. 성경에는 마음에 정한 대로 인색함으로나 억지로 하지 말고, 즐거움으로 하라고 했습니다. 십일조는 갈등할 것이 하나도 없습니다. 최소한 10%를 하면 됩니다. 그런데 왜 갈등하는 줄 아십니까? 들어온 돈에서 10%를 내야 하는지, 아니면 이것 저것 빼고 남은 돈에서 계산해야 하는지에 대해 갈등하는 것입니다. 그것은 스스로의 결정에 맡깁니다. 하나님의 나라를 위해서 더 많이 헌금할 수 있는 방법을 연구해보십시오. 예수님은 우리를 너무도 사랑하셔서 자신의 생명을 바쳐 우리를 구하셨습니다. 더 이상 무엇을 희생할 수 있겠습니까?

십일조는 꼭 해야 할까요?

「참된 그리스도인이 되려면」의 저자 G. Christian Weiss는, "십일조를 신약에 주어진 율법의 하나로 생각하지는 않지만, 하나님의 은혜를 생각할 때 구약 시대보다 적게 드려야 할 이유가 없다"고 말하면서, "어떤 그리스도인은 부끄럽게도 주님께 겨우 십일조밖에 드리지 못하고 있다"고 꼬집었습니다.

구약의 경우, 십일조를 드리지 않으면 그것은 하나님의 것을 도둑질하는 것과 같다고 했습니다. 구약시대, 이스라엘 백성들이 신앙적으로 나태해져 하나님께 예물을 드리지 않고, 쾌락에 빠져 살 때 선지자 말라기는 이렇게 외쳤습니다.

"사람이 어찌 하나님의 것을 도적질하겠느냐 그러나 너희는 나의 것을 도적질하고도 말하기를 우리가 어떻게 주의 것을 도적질하였나이까 하도다 이는 곧 십일조와 헌물이라" (말 3:8).

하나님께 드릴 것을 드리지 않으니 도둑질과 같습니다. 무서운 도전입니다. 이 말씀은 오늘날에도 똑같이 적용됩니다. 온전한 십일조를 하나님의 집에 드리면, 하나님은 풍성한 것으로 갚아 주신다고 약속하셨습니다. 그래서 구약의 성도들은 돈만 아니라 채소나 곡식이 생겨도 그 십분의 일을 성전에 바쳤습니다.

신약 시대에는 어떻게 십일조를 드렸을까요? 구약 성경에서 정한 것 중, 신약에서 금지하거나 끝난 것이 아니면 지속되는 것들이 많습니다. 예를 들어 짐승을 바치는 제사는 예수님의 십자가 사건으로 완전히 끝났으니 더 이상 필요가 없습니다. 성막을 짓는 것은 예루살렘에 성전을 지음으로 더 이상 필요가 없습니다. 예배하는 안식일 규정은 예수님의 부활 이후에 주일로 바뀌었습니다. 그 외의 수많은 생활 규범은 하나님 사랑과 이웃 사랑이라는 두 가지 계명 속에 다 포함되었습니다. "온 율법은 네 이웃 사랑하기를 네 몸 같이 하라 하신 한 말씀에 다 이루었나니"(갈 5:14).

그런데 하나님 외에는 다른 신을 두지 말라거나, 부모를 사랑하라는 것이나, 도적질하지 말라는 것 등의 계명은 여전히 이 시대에도 변함 없이 남아 있습니다. 그리고 하나님께 드리는 십일조는 대상만 달라졌지, 율법 그 자체가 없어지지 않았습니다. 경우에 따라서 십일조를 너무 강조하여 거부감을 느끼는 사람들이 있지만, 그것은 십일조 자체에 대한 것이라기보다 그것을 지나치게 강조하는 데서 오는 반응인 것입니다. 십일조는 구약의 계명이므로 오늘날에는 준수하지 않아도 된다고 주장하는 사람에게 어느 전도자가 이렇게 답변했습니다. "구약의 성도들이 십일조를 드렸다면 은혜의 시대에 사는 우리들이 그보다 덜 드릴 이유가 전혀 없다. 오히려 나는 더 많이 드릴 것이다!"

예수님은 위선적인 서기관들과 바리새인을 책망하시면서 진실한 십일조와 헌금의 의미를 알려 주셨습니다.

"너희가 박하와 회향과 근채의 십일조를 드리되 율법의 더 중한 바

의와 인과 신은 버렸도다 그러나 이것도 행하고 저것도 버리지 말아야 할지니라" (마 23:23).

모든 것의 십일조를 드리는 것은 당연하거니와 보다 진실한 믿음과 마음을 강조하셨습니다. 당시의 바리새인들과 서기관들은 소득의 십일조만 드리면 나머지는 모두 자기 것으로 생각할 뿐만 아니라, 비양심적이며 비성경적인 방법으로 돈을 모아서 의와 신뢰를 저버리는 일이 많았습니다. 헌금을 드렸다고 해서 다 끝난 것이 아니라, 바른 삶이 함께 동반되어야 함을 기억하십시오.

율법의 시대가 가고 은혜의 시대가 되었기 때문에, 제물이나 헌물 없이도 은혜로 성전에 와서 예배드릴 수 있습니다. 구약 시대에는 성전에 빈 손으로는 절대로 들어갈 수 없었습니다. 그러나 오늘날은, 우리가 교회에 들어갈 때 누가 돈을 내라고 하지 않고, 막는 사람도 없고, 입장권을 내라는 사람도 없습니다. 빈 손으로 교회에 간다해도 부끄럽거나, 함께 예배 드리지 못할 이유가 되지 않습니다.

성경의 어느 곳에도 십일조를 드려야 천국에 간다거나 구원받는다는 말은 기록되어 있지 않습니다. 그러나 온전한 십일조를 드리는 순종의 생활을 하지 않으면서 신앙의 성숙이나 은혜의 삶을 기대할 수는 없습니다. 결국, 십일조와 헌금은 구원받는 조건이 아니라 구원받은 성도가 나타내는 확실한 헌신의 표시인 것입니다. 소득의 십분의 일을 드렸다고 해서 하나님께 드릴 것을 다 드린 것으로 생각하지 마십시오. 우리가 받은 모든 것, 즉 십분의 십이 다 하나님의 것입니다. 하나님이 그 모든 것을 요구하셔도 우리는 아무 말 없이 다 드려야 합니다. 그렇지만 하나님은 그 중에 아주 작은 부분만 주의 일에 요구하시는 것입니다.

찰리 페이지(Charlie Page)라는 청년은 돈 한푼도 없는 실업자였습니다. 어느 날, 일을 찾던 중 구세군의 찬송 소리를 듣고 발을 멈췄습니다. 이미 구경하고 서 있는 사람들 앞에는 헌금 접시가 놓여져 있었습니다. 찰리는 무엇이라도 바치고 싶었지만 그에게는 아무것도 없었습니다. 그가 헌금 접시를 들고 있던 직원에게, "난 헌금하고 싶은데 아무것도 없습니다" 라고 말하자, 직원은 1불을 주면서 "이거 받으세요. 그리고 10센트만 바치세요. 그리고 다음에 돈이 생기면 평생 십분의 일을 교회에 바치세요. 그러면 절대로 빈 털터리가 되지 않을 것입니다" 라고 말하는 것이었습니다. 찰리는 그 말대로 했고, 얼마 후에 직업을 갖게 되었습니다. 그때부터 그는 모든 소득의 십분의 일을 드리기 시작했고, 나중에는 백만장자가 되었습니다. 그는 십분의 일 이상을 드릴 뿐만 아니라 여러 곳에 병원을 세웠고, 주님의 일에 넉넉히 헌금하는 사람이 되었습니다.

유명한 재벌, 존 록펠러는 어릴 때 스스로 일해서 처음 받은 돈이 1불 50센트였습니다. 그의 어머니는 그 돈을 들고 아들에게 말했습니다. "네가 이 돈의 10%를 하나님께 드렸으면 좋겠다. 그리고 앞으로 돈을 버는 대로 10%를 하나님께 드려라!" 그는 어머니의 말대로 십분의 일을 하나님께 바쳤고, 그것은 평생 지속되었습니다.

"내가 첫 1불에서 십일조를 드리지 않았으면 첫 100만 불에서 십일조를 떼지 못했을 것입니다. 자녀들에게 십일조를 가르치십시오. 평생동안 충성스런 주님의 청지기가 될 것입니다."

헌금을 어디에 드려야 할까요?

일부 사람들은 헌금을 꼭 교회에만 내야 하는가를 묻습니다. 도움이 필요한 사람들이 있으면 어디든지 낼 수 있지 않느냐는 생각입니다. 헌금을 하나님의 집 그리고 하나님의 창고 즉, 성전 창고에 들여 놓으라는 말씀이 있습니다(말 3:10). 어떤 사람은 또 이렇게 말합니다. 하나님의 창고라는 말이 꼭 교회만을 의미합니까? 그렇게 이해해도 억지는 아니라고 생각합니다. 그러나 헌금하는 곳에 대한 몇 가지 기본적이고 상식적인 가르침이 있습니다.

첫째, 원칙적으로는 자신이 섬기며 영적인 은혜를 받는 자신의 교회에 드리는 것입니다. 예루살렘 교회의 성도들은 자신들의 헌금은 우선적으로 예루살렘 교회에 드렸습니다. 그래야 성전을 섬기는 이들과 예루살렘 교회에 필요한 것과 성도들을 도울 수 있기 때문입니다. 자신이 속한 교회를 소홀히 하고, 본인이 원하는 여러 곳에 분산하여 드리는 것은, 마치 자기 집에서 먹고 마시고 교육 받고 생활하면서, 모든 비용을 다른 사람들에게 나눠주는 것과 같습니다. 영적인 돌봄을 받는 곳에 헌금하고, 자신이 속한 공동체에 헌금하는 것은 지극히 당연한 것입니다. 신앙의 돌봄을 받는 자신의 교회에 드리십시오.

둘째, 자신이 속한 교회의 필요를 위해서 십일조와 헌금을 드린 후에도 더 드리는 경우가 있습니다. 가능하면 모든 구제와 선교 헌금도 자신이 속한 교회 활동을 통해서 하는 것이 가장 바람직합니다. 만일 개인적으로 어느 사역자를 돕다 보면 그 사역자가 헌금자에게 의지하는 폐단이 생기기도 합니다. 교회의 이름으로 지원하는 것이 지혜로운 방법입니다.

헌금에 관한 교훈 (고후 9:1-15)

1. 하나님께 드리는 일에 열심을 가지십시오.

받는 것에만 열심을 낼 것이 아니라 드리는 일에도 열심을 내십시오. 받으면 빚이 되기 쉽지만 드리면 상급이 됩니다. 바울의 가르침대로 '규칙적으로' 드리면 헌금이 좋은 습관이 되며, 더 즐겁게 드릴 수 있게 됩니다. 드릴 때마다 긴장하고, 진땀나지 않도록 좋은 습관이 되게 하십시오. 받는 것보다 드리는 것에 더 큰 기쁨을 경험하게 됩니다. 소득이 적을 때부터 드려야, 소득이 커질 때도 즐겁게 드릴 수 있습니다.

2. 미리 준비하여 드리는 헌금이 아름답습니다.

준비없이 허겁지겁 또는 대충 드리는 것은 진실한 마음이 결여된 모습입니다. 성경은 준비된 헌금을 더 귀하게 여긴다고 말씀합니다. 생활비 중에 다 사용하고 좀 여유가 생기면 드리는 것이 헌금이 아닙니다. 소득이 생기면 가장 먼저 헌금으로 구분해 놓는 습관을 만드십시오. 아무 준비도 없이 예배드리다가 갑자기 자기 앞에 온 헌금 주머니를 보고 당황한 적은 없습니까? 마치 길에서 구걸하는 거지에게 돈을 주는 것과 무슨 차이가 있습니까? 결혼식이나 잔칫집에 부조(扶助)를 할 때는 봉투에 돈을 넣고 겉면에 인사말을 씁니다. 정성을 담습니다. 하나님께 드릴 때에도 미리 준비하십시오. 토요일 저녁에 기도하는 마음으로 헌금 봉투에 넣고 준비된 헌금을 드리십시오. 귀한 것을 귀한 분에게 드릴 때 정성스럽게 준비하는 것처럼, 하나님께 드리는 헌금도 그렇게 하십시오.

3. 적게 심으면 적게 거두고 많이 심으면 많이 거둡니다.

심는 대로 거두는 하늘의 법칙은 절대로 변하지 않습니다. 옥수수 한 알을 심으면 거기서 몇 개의 옥수수가 나오는지 아십니까? 옥수수 알갱이 한 알을 심으면, 최소한 2000개 이상이 나옵니다. 그럼 30배, 60배, 100배가 아니라 몇 배입니까? 2000배 입니다!

심는 분량은 자신의 믿음의 분량대로 정하십시오. 남과 비교하지 말고, 자신이 할 수 있는 것에서 최선을 다해 드리십시오.

4. 마음에 정한 대로, 즐거움으로 드리는 헌금이 귀합니다.

헌금의 액수는 개인이 믿음의 분량만큼 정해서 드립니다. 강요된 것이나 억지로 내는 것이어서 얼굴을 찡그리며 낸다면 세금과 무엇이 다릅니까? 가능하면 조금만 내려고 하지 않겠습니까? 풍성하게 나누고 드리는 것도 처음에는 어렵지만 그렇게 하다 보면 좋은 습관이 됩니다. 그렇다고 해서 마음이 즐거울 때까지 기다렸다가 드려도 된다는 말은 아닙니다.

5. 즐거움으로 드린 자에게는 모든 일에 큰 은혜가 넘치게 하십니다.
작은 것을 즐거운 마음으로 드리면, 하나님은 큰 것으로 풍성히 채워 주십니다. 어떤 사람이 우리의 손은 조막손이지만, 하나님의 손은 부삽만하다고 표현한 것을 들은 기억이 납니다. 그만큼 크다는 것입니다. 구원은 거저 받는 것이지만, 주님을 위한 우리의 헌신에는 공짜가 없고 반드시 상급이 있습니다. 무엇보다도 은혜가 풍성해집니다. 경제적으로는 넉넉하지 못해도 가족이 사랑하고 믿음 생활에 기쁨이 있으면 그것보다 더 좋은 것이 무엇일까요?

6. 가난한 자들에게 준 사랑의 헌금은 그 행위가 영원히 지속될 것입니다. "저가 흩어 가난한 자들에게 주었으니 그의 의가 영원토록 있느니라"(고후 9:9). 구제의 가장 좋은 방법 중에 하나는 갚을 것이 없는 사람에게 주는 것입니다. 갚을 것이 있는 사람에게 주는 것은 대부분 뇌물이 됩니다. 왜 높은 사람에게 돈을 주려고 할까요? 왜 사업하는 사람들이 정치인에게 돈을 줄까요? 자기 좀 잘 봐달라고 주는 것입니다. 그것은 분명히 돈을 주는 대상에게 보상을 바라고 하는 것이므로 헌금이 아니고 뇌물입니다. 갚을 것이 없는 사람에게 하는 것, 그것이야 말로 참된 구제 헌금입니다.

7. 드린 자에게는 심을 것으로 더 채우시고 의의 열매를 더하게 하십니다.

우리가 열매를 드릴 때, 하나님께서는 더 풍성하게 얻도록 심을 씨를 주십니다. 쌀 한 되를 바친 자에게 주신 볍씨 한 되는 나중에 비교가 되지 않을 만큼 엄청난 것이 됩니다. 우리 속담에 "되로 주고 말로 받는다"라는 말이 있습니다. 그런데 성경에서는 30배, 60배, 100배라고 했으니까, 되로 주고 섬이나 가마니로 받는 것입니다. 이것은 단순한 과장이 아닙니다. 하나님은 능히 그렇게 하십니다. 이것이 헌금에 관한 성경의 원칙입니다.

8. 너그러운 연보는 더욱 넘치는 감사의 제목을 만들어 냅니다.

인색하고 째째하게 찌꺼기를 드리지 말고, 좋은 것을 넉넉하게 드리는 자에게 감사할 일들이 넘치게 됩니다. 받은 사람보다 드린 사람에게 하나님은 더 큰 감사거리를 주십니다. 너그럽게 헌금을 드려본 적이 있습니까? 헌금한 것을 잊어버렸는데 놀랍게도 하나님께서 감사거리가 넘치도록 채우시는 것을 경험해보지 않겠습니까?

9. 헌금 봉사는 성도들의 부족함을 보충해 줍니다.

헌금 생활도 남을 섬기는 일종의 봉사입니다. 다른 것으로 봉사하기 어려우면 헌금을 드림으로 즐겁게 봉사할 수 있습니다. 그 헌금이 선교사들을 돕고 교육비로 귀하게 쓰이게 됩니다. 가난한 성도를 돕고, 사역자들을 세우는 것입니다. 재난을 당한 이들을 지원하고, 사회사업에 기여하는 것입니다.

10. 후한 연보는 하나님께 영광이 됩니다.

많이 가진 부유한 사람만 후하게 헌금하지 않습니다. 오히려 그런 사람들 중에 아주 인색한 사람들이 있습니다. 어렵게 벌었다는 이유를 내세웁니다. 자신과 자식들을 위해서는 아낌없이 쓰지만, 하나님을 위해서는 작은 액수도 아까워한다면 어떻게 하나님께 영광이 되겠습니까? 믿음의 사람이 후하게 헌금하고 섬길 수 있습니다. 인색함으로 억지로 드리는 헌금은 드릴 때에도 기쁘지 않고 큰 기대조차 가질 수 없습니다.

헌금할 때 주의할 점

1. 헌금하는 것을 과시하거나 드러내지 마십시오.

"구제할 때에나 헌금할 때에 은밀하게 하라"(마 6:3). 오른손이 하는 일을 온 동네가 다 알게 하는 것은 이 세상에서 이미 칭찬을 받은 것입니다. 세상에서 사람들의 칭찬을 받으면 하나님의 나라에서는 상급이 없습니다. 누구에게 잘 보이려고 헌금하는 자세는 미숙한 아이와도 같습니다. 교회 주보에 헌금자 이름이 실리지 않아도 서운해 하지 마십시오. 공개적으로 이름을 밝히지 않아도 상관하지 마십시오. 하나님께서 다 알고 계십니다. 사람들 눈에 비춰지는 것에 너무 신경쓰지 마십시오.

2. 헌금을 '주고 받는 것' 식으로 하나님과 흥정하지 마십시오.

돈을 얼마 드렸으니 100배나 10,000배로 달라고 한다면 그것은 헌금한 것이 아니라 흥정하는 것입니다. 하나님과 거래를 하는 것과 같습니다. 헌금은 감사의 표현이지 나중에 더 많이 받으려는 투자나 도로 찾는 기탁금이 아닙니다.

진정한 헌금은 이미 받은 하나님의 사랑과 은혜에 감사하는 마음의 선물입니다. 그리고 일단 드렸으면 이제 자신이 할 일은 다 한 것입니다. 그 돈이 어디에 어떻게 쓰이는지 감시하거나 감독까지 하려고 하지 마십시오. 하나님께 드려진 헌금은 더 이상 나의 것이 아니고 하나님의 것입니다.

3. 돈과 함께 진실한 마음을 드리는 헌금이 되게 하십시오.

정직한 소득을 드리는 것이 바른 헌금입니다. 남에게 강탈하고 빼앗아 온 돈은 드리지 마십시오. 남의 마음에 칼을 꽂고 가져온 돈은 드리지 마십시오. 남을 피흘리게 하고 넘어뜨리고 아프게 하면서 가져온 돈은 헌금하지 마십시오. 그런 것은 헌금이 아닙니다. 하나님께서 기뻐하지 않으신다고 하셨습니다.

자신의 양심에 거리낌없이 노력하고, 수고하고, 애쓴 것을 드려야 합니다. 사랑하는 마음이나 진실한 마음이 없어도 돈을 낼 수 있습니다. 하지만 그것은 회비나 세금이나 내키지 않는 억지 구제금과 같습니다. 헌금에는 드리는 사람의 믿음과 사랑과 헌신이 함께 드려져야 하나님이 기쁘게 받으시는 예물이 됩니다. 돈을 드린 것으로 자신의 모든 것을 드렸다고 생각하는 것은 착각입니다. 나의 삶이 산 제물로 드려져야 합니다.

4. 하나님의 돈을 관리하는 청지기 의식을 가지십시오.

내 것을 드린다고 생각하면 아깝고, 가능하면 덜 내고 싶은 생각이 듭니다. 그렇지만 하나님께서 내게 맡기신 것을 돌려 드린다고 생각하면 더 많은 것을 드리고 싶은 마음이 생깁니다. 렌트카를 사용한 후에 다시 돌려 주는 것과 같지 않을까요? 나의 건강과 생명도 하나님께서 맡겨 주신 것인데, 일정한 기간 동안 사용한 후 주인에게 돌려 드린다고 생각하십시오. 억울할 것이 없습니다.

헌금과 관련된 책임
1. 가족의 생활을 위해서 필요한 부분을 공급해야 합니다.
"우리 집은 헌금하기 위해서 다 굶습니다. 할렐루야!" 이것은 좀 미련하다고 할 수 있습니다. 어느 부흥사 선배는 집회 후에 강사비를 모두 다른 교회에 헌금해서 식구들이 굶은 적이 많았다고 합니다. 그분은 혹 헌신적인 부흥사로 유명해질지 모르지만, 그의 가족에게는 고난입니다. 자녀들의 교육과 가족의 생활을 위해서 돈을 쓰는 것은 중요합니다. 그것은 우리의 책임입니다. 자기 가족을 돌보지 않는 자는 불신자보다도 더 악한 자라고 성경은 책망하고 있습니다. 그러나 단지, 그것을 위해서만 쓰는 것이 문제입니다.
2. 하나님의 말씀을 전하고 가르치는 목회자들을 지원하십시오.
"가르침을 받는 자는 말씀을 가르치는 자와 모든 좋은 것을 함께 하라"(갈 6:6)고 성경은 가르칩니다. 힘들고 어려운 일을 나누는 것처럼, 즐겁고 좋은 일도 사역자들과 함께 나누라는 것입니다. 전담 목회자는 다른 직업을 갖지 않고 삶의 전부를 다 헌신하며 사는 이들입니다. 미국은 교회에서 목사의 생활비를 제대로 지원하지 못해 낮에는 다른 직업을 가진 목사들을 볼 수 있습니다. 어쩔 수 없이 그렇게라도 해야 생활이 되기 때문입니다. 그러나 그것이 최선의 길은 아닙니다. 일하는 소의 입에 망을 씌우지 않는 것처럼, 사역자들이 경제적인 문제로 근심하지 않도록 해야 합니다.

3. 교회 안에 가난하고 도움이 필요한 이들을 먼저 도우십시오.

"우리는 기회 있는 대로 모든 이에게 착한 일을 하되 더욱 믿음의 가정들에게 할지니라"(갈 6:10). 세상에도 도움이 필요한 이들이 많지만 우선적으로 교회 안에서 하십시오. 나의 사랑방이나 구역에 경제적인 압박을 받는 사람이 있음을 알았다면 그냥 지나치지 마십시오. 주의 이름으로 겸손하게 도우십시오. 다만 조심할 것은 도움을 받는 사람들이 부끄러움을 당하거나 자존심이 상하지 않도록 주의하는 것입니다.

4. 교회 밖에 도움이 필요한 이들을 드러나지 않게 도우십시오.

교회 안에 있는 성도를 우선적으로 돕고, 또 도움이 필요한 이웃을 돕는 것은 아름다운 일입니다. 이건 구제와 연관됩니다. 자연재해를 당한 이웃을 외면하지 마십시오. 조용히 돕는 것이 더 귀합니다. 구제한다고 나팔 불지 않아야 하나님의 상급이 있습니다. 우리는 지금이 아니라 훗날에 주님의 칭찬을 기대하는 사람들입니다.

성경에서는 온전한 십일조를 성전 창고에 들이는 사람들에게 놀라운 약속을 주셨습니다.

"내가 하늘 문을 열고 너희에게 복을 쌓을 곳이 없도록 붓지 아니하나 보라" (말 3:10).

이 말씀을 단순히 경제적인 혜택으로만 이해하지 마십시오. 하나님께서 주시는 복은 다양하며 풍성합니다. 하나님께 풍성한 헌금을 드림으로써 풍요로운 삶을 산 사람들의 이야기가 얼마든지 있습니다.

월레스 존슨(Wallace Johnson)은 목공소에서 일하다가 해고당했습니다. 가난한 청년이었던 그에게 있었던 것은 열심과 성실, 신앙뿐이었습니다. 그는 처음 남에게 빌린 250불을 가지고 사업을 시작했습니다. 돈을 빌려 주는 사람이 한 가지 조건을 걸었습니다. 소득의 십분의 일을 교회에 헌금하라는 것이었습니다.

그는 하나님이 주시는 것들을 하나님을 위해서 어김없이 돌려 드리기 시작했습니다. 하나님은 그에게 점차 더욱 큰 것들을 주시기 시작했고, 결국 거대한 호텔을 직접 경영하게 되었습니다.

그는 '미국의 호텔 주인' 이라는 별명이 붙을 정도로 호텔업계에서 정직하고 자선사업을 많이 하는 사람이 되었습니다. 그가 세운 호텔 '홀리데이 인'(Holiday Inn)은 전 세계 2000여개의 체인을 가진 대규모 체인 호텔이 되었습니다. 그리고 홀리데이 인에는 대부분의 호텔에 있는 카지노가 없습니다.

헨리 크로웰(Henry Crowell)의 이야기도 유명합니다. 그는 소년 시절, 결핵에 걸려서 학교에도 가지 못했습니다. 전도자 무디의 설교를 듣고 그는 기도했습니다. "하나님, 나는 무디 같은 설교자는 될 수 없지만, 좋은 기업인이 될 수 있습니다. 하나님께서 돈을 많이 벌게 해 주시면 그것을 주의 일을 위해 쓰겠습니다."

그는 의사의 도움으로 건강을 회복한 후, 오하이오 주의 라바나(Ravanna)라는 곳에 낡고 작은 퀘이커 밀(Quaker Mill)을 사들였습니다. 그런데 10년도 안 되어 그는 수많은 미국인의 아침 식탁을 책임지는 "퀘이커 오트밀"(Quaker Oatmeal)의 대명사가 되었습니다. 그는 초기에 소득의 10%를 드리다가 40여 년간 소득의 60-70%를 하나님께 드리며 살았습니다.

훌륭한 평신도 전도자이며 자기 사업 전체를 법적으로 하나님께 이양한 스탠리 탬 장로의 간증 또한 큰 감동입니다.

그는 오하이오 주에서 가난한 청년 시절을 보냈지만, 젊을 때 복음을 듣고 변화하여 사업에 크게 성공한 사람입니다. 처음에는 사업의 10% 정도만 하나님께 맡기다가, 성경에서 값진 진주를 발견한 사람이 자기 소유를 다 팔아서 그 진주를 샀다는 말씀(마 13:45-46)을 읽고, 자기 사업인 'United States Plastic' 회사의 주식 100%를 하나님께 드렸습니다. 그 후, 그는 매년 150만불 이상을 선교비로 보내어 세계 각국에 천 여 개 이상의 개척 교회를 세웠고, 한국에도 수백 개의 개척 교회 설립을 도왔습니다. 특히 그는 자기 기업체를 방문하는 사람들에게 다른 대화를 나누기 전, 항상 복음을 전했습니다.

한때 "부자되세요!"라는 광고 문구가 유행했습니다. 그리고 「부자 아빠, 가난한 아빠」라는 책도 많이 읽혀졌습니다. 그러다 보니 수단과 방법을 가리지 않고 부자가 되려고 하는 사람들이 더 많이 생겨 났습니다. 부자가 되는 것에서 끝나면 안 됩니다. 부자가 되는 것보다 훨씬 더 중요한 것은 부자가 되어 서로 나누고 베푸는 자가 되는 것입니다.

"배워서 남주나?"라는 이기적인 생활 방식에서 벗어나 이제는 "배워서 남들에게 나눠 주자", "벌어서 나누고 베풀자"로 바뀌어야 합니다.

주님을 위해서 하늘 나라에 보화를 쌓은 사람은 그만큼 자신이 풍성한 삶을 살고, 또 남들을 풍성하게 합니다. 그래서 사도 바울은 자신이 가난한 자 같으나 많은 사람을 부요하게 하고, 아무 것도 없는 자 같으나 모든 것을 가진 자라고 외친 것입니다 (고후 6:10).

하나님께 드리고 남들에게 베풀 것이 많은 부자가 되시기 바랍니다.

어떻게 봉사할까?

봉사는 억지로 하는 것이 아닙니다.
봉사는 감사의 표현이며, 순종의 표현이고,
예수님을 향한 헌신의 표현입니다.

대접받는 것보다 대접한 후에
경험하는 기쁨이 훨씬 더 큽니다.
비록 남보다 수고하고 더 많은 땀을 흘려야 하지만,
그 기쁨은 아무도 빼앗을 수 없습니다.

| 믿음 · 성경 · 기도 · 예배 · 전도 · 헌금 · **봉사** · 유혹 · 고난 · 인도하심 |

고린도전서 15장 58절
"그러므로 내 사랑하는 형제들아 견고하며 흔들리지 말며 항상 주의 일에 더욱 힘쓰는 자들이 되라 이는 너희 수고가 주 안에서 헛되지 않은 줄을 앎이니라."

　　　　　　우리가 예수님을 믿게 된 것은 순전히 공짜로 주어진 은혜입니다. 우리의 노력에 따른 것, 즉 선을 쌓아야 천국에 가는 것이 아니고 그냥 거저 받는 것입니다. 그래서 성경은 여러 번, 구원이 선물이라고 말씀합니다. 구원이 선물이니까, 이제는 누구나 예수 그리스도를 믿기만 하면 천국에 갈 수 있는 자격을 얻는 것입니다. 그런데 천국이 그렇게 아름답고 화려하며 가고 싶은 곳이라면 왜 빨리 그곳에 가지 않고 이 혼탁한 세상 속에서 사는 것일까요? 정말 좋은 곳이라면 속히 데려가지 않으시고 하나님은 왜 이 땅에 우리를 남겨 두셨을까요?

천국에 대한 설교를 잘 하기로 유명한 한 목사님이 아파서 병원에 입원을 했습니다. 어느 날, 친구 목사님들이 문병을 왔습니다. 한 목사님이, "자네가 천국 설교를 그렇게 잘하니까 빨리 먼저 가면 되지. 매달 200만원씩이나 들여 약을 먹고 살아야 할 이유라도 있는 겐가?" 그러자 이 부흥사 목사님은 이렇게 대답했습니다. "내가 있어야 다른 사람을 천국에 보내지 않는가?" 반은 맞는 말이기도 합니다.

그 아름다운 곳에 우리도 언젠가 가게 될 것입니다. 그러나 지금은 가지 않습니다. 왜 가지 않는 걸까요? 가난하게 살면서도 풍성한 천국에 안 가려고 합니다. 고통받고 살면서도 질병과 고통이 없는 천국에 가지 않으려고 합니다. 왜 그럴까요? 바울도 너무 고통스러워서 빌립보서를 쓰다가 주님 계신 곳에 가고 싶다고 말했습니다. 그러나 "내가 너희들을 위해 여기에서 맡겨진 일을 감당해야 하기 때문에 산다"고 고백합니다. 이 말씀에 비추어 볼 때 이 땅에 우리가 남아 있는 것은 여기서 무엇인가 할 일이 있기 때문입니다. 학위를 얻고, 결혼하는 등의 목적이 아니고, 우리에게 주신 사명이 분명히 있기 때문입니다.

예수님께서 이 땅에 오실 때 그분은 대접 받을 만한 자격이 있는 분이셨습니다. 대통령은 어느 곳에 가던지 최고의 대접을 받습니다. 대통령이 부산이나 충청도를 방문할 때, 본인이 스스로 호텔에

도착해서 계약서를 쓰고, 짐을 들고 다니지 않습니다. 비서관들이 이미 다 준비하여 완전한 대접을 해 줍니다. 예수님이야말로 모든 세상 사람들에게 당연히 섬김을 받으셔야 하는 하나님의 독생자이셨습니다. 그런데 예수님은 섬김을 받으러 이 세상에 오신 것이 아니라 섬기기 위해 오셨습니다. "인자가 온 것은 섬김을 받으려 함이 아니라 도리어 섬기려 하고 자기 목숨을 많은 사람의 대속물로 주려 함이니라"(마 20:28)고 말씀합니다. 예수님은 이 땅에 계신 동안 끊임없이 사람들을 섬기셨습니다. 섬기고 또 섬기시다가 마지막에는 자기 목숨을 십자가에 바치는 것으로 사랑의 모범을 보이신 것입니다.

그분의 십자가의 죽음의 대가로 우리는 구원을 받았습니다. 여기에 신앙생활의 가장 중요한 열쇠가 들어 있습니다.

예수님을 제대로 믿고 예수님을 닮아가는 삶을 살기 원한다면 이 말씀을 잘 생각해보십시오.

예수님께서는 부자가 되기를 기도하신 일이 한 번도 없습니다. 그렇게 기도하는 것은 주님을 닮아 가는 기도가 아닙니다. 건강해지고 유명해지기를 바라는 기도를 한다면, 그 사람은 바른 기도를 하는 것이 아닙니다. 예수님은 그렇게 기도하신 일이 없었습니다. 예수님께서는 하나님의 뜻이 이루어지기를 위해서 기도하셨고, 섬기기 위해서 기도하셨고, 불쌍하고 병든 사람들의 치유를 위해서 기도하셨습니다.

여러분은 예수님을 믿고 변한 것이 많습니까? 예수님을 믿기 전의 저는 매우 이기적인 사람이었습니다. 지금도 확실히 뿌리 뽑지 못한 부분이 있습니다. 제가 중심이 되어 살았습니다. 돈을 많이 벌고 싶었습니다. 학교에서는 일등을 하기 위해 정말 많은 노력을 했습니다. 제가 봐도 지독하게 공부했던 때가 있었습니다.

왜 일등을 해야 합니까? 남보다 높아져야 하니까, 앞서가야 하니까, 많이 가져야 하니까 그렇습니다. 다른 사람을 조금 돕는다고 할 때도 그 뒤에는 다른 동기가 있었습니다.

그러나 예수님을 믿으면서 순수하게 남을 조금씩 섬길 수 있게 되고, 도울 수 있게 되었습니다. 진실한 신앙을 가진 후에 얻은 변화가 있다면, 그것은 하나님과 이웃을 섬기게 된 것입니다.

자기 중심적이며 자기 밖에 모르던 사람들이 이제는 주님의 이름으로 남들을 섬기게 되는 것입니다. 자신에게 유익이 되지 않으면 손도 까딱하지 않던 사람이 헌신적으로 궂은 일들을 합니다. 만약 섬기는 일이 강요된 것이거나 돈 문제와 연관된다면, 결코 오래 가지 못하고 반드시 말썽이 생깁니다.

그렇다면 왜 봉사해야 할까요?

이런 사람들이 있습니다. 교회에 와서 팔짱을 끼고 설교를 듣다가, 예배가 끝나면 제일 먼저 교회를 빠져 나갑니다. 누가 밖에서 부르는 것처럼 급하게 사라집니다. 교회에 와서 설교를 듣고, 은혜 받고, 집으로 돌아가는 것으로 만족하는 것입니다. "내가 꼭 봉사를 해야 하는 거야? 설교만 들어 주면 되는 거지, 교회에 가서 헌금도 하는데 왜 봉사까지 하라고 그러는 거야! 다른 사람들도 많은데 나까지 참견할 필요가 없지"라고 생각하지는 않습니까? 봉사는 억지로 하는 것이 아닙니다. 성경이 말하는 봉사는, 감사의 표현입니다. 순종의 표현이고, 헌신의 표현입니다.

가정에서 어린 아이는 할 일이 없습니다. 다만 일거리를 만들 뿐입니다. 그런데 점차 성장해가면서 자기 앞가림을 하게 되고, 어른들의 일을 거들게 됩니다. 장성하여 철이 들면, 자기 일만 하는 것이 아니라 남들을 돕기도 합니다. 다만 병이 들었거나 심각한 장애가 있는 사람은 남을 돕는 일을 제대로 할 수 없습니다. 교회에서도 미숙한 사람은 섬김을 받고 성숙한 성도가 더 잘 섬기지 않습니까? 성숙한 성도의 봉사는 하나님의 은혜를 받은 것에 대한 감사의 표현이며, 주님의 교회를 위한 헌신과 순종의 모습입니다. 땀흘려 봉사해야만 구원받는다거나 천국 백성이 되는 것은 물론 아닙니다. 예수님을 믿어서 값없이 죄사함 받고 구원받았으니 이제 그 감격과 기쁨으로 주님을 섬기는 것입니다. 그러므로 봉사는 구원의 조건이 아니라 구원의 열매 중의 하나입니다.

봉사할 때 얻게 되는 유익
봉사자는 마음에 기쁨이 생깁니다.
모든 것에 때가 있습니다. 대접받을 때가 있고, 대접할 때가 있습니다. 남에게 대접받는 것이 잠깐은 좋지만, 대접을 자꾸 받게 되면 나중에는 빚이 쌓여 간다는 사실을 아십시오. 그런데 여러분이 아무 조건없이 남을 대접했던 경험이 있다면 떠올려보십시오. 마음이 즐겁고 너무나 좋지 않습니까? 대접받는 것보다 남을 대접한 후에 경험하는 기쁨이 훨씬 큽니다. 비록 남보다 수고하고 더 일찍 나와서 땀을 흘려야 하지만, 그 기쁨은 아무에게도 빼앗기지 않습니다. 음식을 만들어 남들이 즐겁게 먹는 것을 보는 것이, 혼자 먹는 것보다 기쁜 것입니다. 남을 섬기고 대접하면 마음이 뿌듯하고 사는 맛이 생기기 때문에 그 자체가 벌써 보상이 됩니다.

사람들 중에는 교회에 와서 봉사하면서 얼굴 빛이 달라지는 경우도 있습니다. 그리고 그들의 밝은 얼굴을 대하는 사람들도 저절로 기쁨을 맛보게 됩니다. 즐거움으로 섬기는 이들의 마음에는 하늘의 기쁨이 솟아납니다.

봉사를 통해서 믿음이 성장합니다.

20년 넘게 교회를 다닌 모태 교인이고, 집사가 된 지도 10년이 넘었지만 감동도, 감격도 없이 교회에 왔다 갔다만 하는 사람들이 있습니다. 여러 가지 이유가 있겠지만 대부분 성경을 잘 읽지 않거나, 기도하지 않는 등 기본적인 신앙생활이 이뤄지지 않는 것도 큰 이유 중 하나입니다. 모든 것을 남들이 해 주기 때문에 대접받는 것에 익숙하다보면, 결코 만족하지 못합니다. 꼭 대접을 받아야 하고, 무엇인가 보상을 받아야 한다면 그것은 봉사가 아닙니다. 그것은 힘든 일에 불과합니다. 신앙을 건강하게 만들고 싶다면 남을 섬기십시오. 어린 아이들을 돌보고, 학생들을 지도하고, 청소년들을 가르치십시오. 기도로 섬기고, 땀으로 섬기고, 헌금으로 섬기십시오.

세계의 교회를 대상으로 조사를 했는데, 어느 교회이든지 출석인원이 천 명이든 만 명이든, 섬기는 사람은 대개 10% 이하라고 합니다. 그리고 실제로 중요한 일을 하는 사람은 2~3% 정도라는 것입니다. 교회에 와서 하나님의 말씀을 듣고 가는 것은 참 좋은 일이지만, 어떤 부분으로도 섬기지 않으면 신앙이 성장하지 않습니다. 젊을 때 많이 봉사했다고 말하는 이들이 있습니다. 그렇다면, "제가 예전에는 운동도 잘하고 밥도 많이 먹고 그랬습니다. 그런데 옛날에 많이 했기 때문에 지금은 운동도 안하고, 밥도 잘 안 먹습니다" 라고 말할 수 있습니까?

건강을 유지하려면 계속 운동을 하고 음식을 잘 섭취해야 합니다. 조금씩이라도 해야 합니다. 믿음이 있다고 알려진 사람도 봉사를 하다가 그치면 열정이 식고 신앙까지 휘청거리게 되는 것을 많이 보았습니다. 섬기면서 성장할 때 신앙이 바르게 세워지는 것입니다.

봉사자들을 통해서 교회가 바르게 세워져 갑니다.

우리의 몸에는 머리와 손과 발 등 여러 지체가 있는데, 각 지체가 하나되어 정상적으로 움직일 때 온몸이 건강한 것입니다. 몸의 한 두 부분은 항상 열심히 움직여 주는데 한쪽 구석이 머리의 말을 잘 듣지 않으면 몸에 고장이 난 것입니다. 그것이 심하면 장애가 되는 것입니다.

교회는 그리스도의 몸입니다. 그리고 몸은 하나인데 지체가 많은 것입니다. 창조주 하나님은 우리 몸의 그 많은 지체가 기가 막히도록 자연스럽게 협력하고 작동하도록 만드셨습니다. 예를 들어 왼손 등을 모기가 물면 순간적으로 오른손이 그 손등을 치면서 가려움증을 막습니다. 우리 몸에서 불필요한 지체가 없다는 사실입니다. 다만 그 지체가 역할을 제대로 하지 못할 때 문제가 생기는 것입니다.

마찬가지로 교회는 그리스도의 몸이며, 각 지체가 활발하게 활동함으로써 몸 전체 즉, 교회가 건강해지게 됩니다.
교회가 건강하게 성장하고 부흥하기를 원합니까? 그럼 자신이 어느 역할을 감당하고 있는가 생각해보십시오. 대단치 않게 보이는 일이라도 그것에 충성하십시오.

봉사의 다섯 가지 원칙

"내 사랑하는 형제들아 견고하며 흔들리지 말며 항상 주의 일에 더욱 힘쓰는 자들이 되라" (고전 15:58).

첫째, 견고하게 서서 섬기십시오.

　이 말은 원래, 사도가 가르친 교훈에 믿음의 뿌리를 내리고 견고히 서라는 의미입니다. 예수 그리스도께 대한 바르고도 분명한 가르침 위에 서서 의심하지 말라는 것입니다. 예수님의 십자가의 죽으심과 그의 부활에 대해서 조금도 의심하지 말라는 강한 권고입니다.

　어디에 서 있어야 견고할 수 있습니까? 세상에 속한 것들 위에 서 있다 보면, 어느새 모든 것이 허물어져 내리는 것을 발견합니다. 재물을 믿고 의지하고 서 있다가 모래알같이 빠져 나가는 것을 경험하지 않습니까? 한 번도 병원에 간 적이 없다고 자신만만하게 자신의 건강을 믿고 방심하다가 갑자기 쓰러지는 것을 우리는 주변에서 많이 보았습니다. 가장 든든한 인생의 기초가 되시는 예수님을 믿는 믿음 위에 서 있을 때에만 그 삶이 견고해집니다.

　또한 이 말은 무슨 일이든지 뚝심을 가지고 끝까지 해내라는 의미입니다. 주위 사람들이 볼 때만 잠깐 동안 섬기는 것은 쉽습니다.

　봉사를 양은 냄비처럼 하지는 않습니까? 잠깐 열심을 내다가, 얼마 지나지 않아서 금새 식어버리는 것을 볼 수 있습니다. 아무도 보지 않아도 하나님의 눈을 의식하며 성실하게 섬기는 것은 쉽지 않습니다. 진실한 봉사는 누가 보든지 안 보든지, 무슨 일을 하든지 주님께 하는 마음으로 변함없이 꾸준히 섬기는 것입니다.

사람들의 칭찬을 너무 의식하다 보면 금방 싫증이 나거나 귀찮아지고 결국 손을 놓게 됩니다. 박수는 잠깐 치다 멈추는 것입니다. 박수를 5시간, 6시간 치는 사람은 없습니다. 박수는 언젠가 끝나게 되어 있습니다.

그것을 생각하면 너무나 실망스럽고 힘이 빠질 때가 있습니다. 그러나 한 번 주어진 일이면, 누군가가 해야 할 것이라면 상황이 변하고 힘이 들어도 견고하게 서서 끝까지 충성스럽게 섬기십시오.

여러 해 동안 변함없이 충성스럽게 교회 일을 하는 이들이 바로 교회의 자랑입니다. 아무에게도 알리지 않고 자기 주머니를 열어서 헌금으로 다른 사람들을 섬기는 이들이 있습니다. 그것은 분명히 하늘 나라에 상급을 쌓는 섬김입니다.

마치 한 달란트를 받은 종이 그것을 귀한 줄로 알고 열심히 장사하여, 두 달란트나 세 달란트를 남기려고 애쓰는 모습과 같습니다. 이런 이들이 우리를 감동시키고 은혜로써 도전하는 것을 보게 됩니다. 이런 분들이 더 많아지기를 기도합니다.

둘째, 흔들리지 말고 섬기십시오.

　다른 사람들의 영향이나 감정에 의해서 흔들리지 말라는 것입니다. 감정의 변화 때문에 흔들리는 경우가 얼마나 많은지 모릅니다. 바람이 강하게 불면 흔들립니다. 바람이 너무 심하면 흔들리다가 뿌리가 뽑히기도 합니다. 그런데 전나무는 뽑히지 않으려고 뿌리가 더 깊이 들어간다고 합니다. 어려움이 오면 뿌리가 더 깊게 박히는 것입니다. 그래서 바람 부는 곳에서 자란 나무라야 강하고, 잘 부러지지 않는 도끼 자루가 됩니다. 다리 난간에 간신히 매달린 사람이 팔에 힘이 빠져서 밑으로 추락하는 것을 상상해보십시오. 자신 스스로 인생을 붙잡고 매달려 있으면 너무 위험합니다. 하나님께서 우리 인생을 든든히 붙잡으시도록 하십시오.

　이곳에서 저곳으로 가볍게 자주 옮겨 다니는 것도 주의해야 합니다. 이것 조금 하다가 저것을 하고, 또 잠시 후에는 다른 것을 하는 식으로 요동하지 말라는 것입니다. 여러 가지를 한꺼번에 하거나 이것 저것을 하다 보면 어느 일도 제대로 되지 않습니다. 어떤 일을 하든지 당장에 큰일은 못하더라도, 한 두 가지 일이라도 흔들리지 말고 끈기있게 하십시오. '내가 없어도 남이 다 할 텐데…' 하는 생각이 바로 자신을 무너뜨리고, 하나님의 교회에 어려움을 주는 것입니다.

　땅에 깊이 박힌 나무를 뽑으려고 할 때 어떻게 합니까? 나무를 자꾸 흔들면 됩니다. 그러면 처음엔 조금 흔들리지만 여러 번 흔들면 점차 틈이 생기고 결국 뽑히게 됩니다. 신앙을 흔드는 것들이 세상에 많습니다. 조금이라도 양보하다가는 나중에는 어쩔 수 없이 우리의 신앙이 뽑히게 됩니다. 예수님의 재림을 믿는 신앙에서 흔들리지 마십시오. 반드시 이뤄질 일입니다. 사도 바울은 극심한 고통 중에도 복음과 소망에서 흔들리지 않아 생명의 면류관을 받았습니다.

셋째, 항상 섬기십시오.

상황이 바뀌어도 변하지 말고 성실하고 꾸준하게 섬기는 것입니다. 누구나 잠깐 섬기는 것은 어렵지 않습니다. 마음 내키면 섬기다가, 불쾌하면 손을 놓는 것은 쉽습니다. 그러나 변함없이 꾸준히 무슨 일을 하려면 인내와 끈기가 요구됩니다. 우리 말에 '용두사미'(龍頭蛇尾)라는 말이 있습니다. 머리는 용처럼 크고 웅장하고 화려한데, 꼬리는 뱀처럼 작아서 어느 틈에 사라져 버리는 것입니다. 처음 얼마 동안은 열정적으로 잘 섬기다가 어느새 자취를 감춰 버리는 식의 봉사는 신뢰하기가 어렵습니다.

무슨 회장이나 직분을 맡으면 열심히 섬기다가 그 기간이 지나면 완전히 손을 떼는 이도 있습니다. 상황이 좋을 때는 섬기다가 불편하고 어려움이 생기면 멀어지는 사람도 있습니다.

시작이 화려하지 않아도 처음부터 끝까지 항상 충성스럽게 섬기는 것이 중요합니다. 그것 때문에 어려움이 오고 고난이 와도 그 가치와 의미를 알기에 포기하지 않는 것이 아름답습니다. 그래서 예수님은 "네가 죽도록 충성하라 그리하면 내가 생명의 면류관을 네게 주리라"(계 2:10)고 하셨습니다.

인도 캘커타에서 빈민을 섬기던 마더 테레사의 말처럼, 하나님은 우리를 "성공하라고 부르신 것이 아니라 충성하라"고 부르셨습니다.

충성하다 보면 반드시 열매를 맺게 됩니다. 맡겨진 그 모든 일을 주님의 이름으로 했다면 세상이 주는 어떤 상보다 더 귀하고 훌륭한 상급을 받을 것입니다.

넷째, 주의 일을 위해서 섬기십시오.

사람들은 늘 바쁩니다. 병들어 누워 있는 사람들이 아니면 모두가 참 바쁘게 세상을 살아 갑니다. 몸이 바쁘지 않은 사람도 마음은 늘 무엇엔가 쫓기는 것처럼 지냅니다. 전보다 모든 것이 편리해지고 각종 편의 시설이 생겼음에도 불구하고 사람들은 모두 바쁘다고 말합니다. 생각해보십시오. 밥을 짓는 것도 예전처럼 하지 않습니다. 쌀에서 돌을 고르고 아궁이에 불을 때고 물을 맞춰서 밥을 하던 시절이 있었던 반면, 이제는 손가락으로 버튼만 누르면 되는 전기 밥솥으로 손쉽게 밥을 짓습니다. 세탁도 그렇고 다림질도 마찬가지입니다. 그런데 전보다 더 바쁘다고 야단입니다. 우선은 먹고 살기 위해서 직장에서 바쁘게 보내고, 건강관리를 위해서도 바쁩니다. 공부하기에 바쁘고, 여행하고, 놀기에 바쁩니다.

주님의 일을 위해서도 바쁘게 지냅니까? 하루 중에 주님의 교회를 위해서 할 수 있는 일이 무엇입니까? 하루에 3분도 교회를 위해서 기도할 수 없습니까? 교회를 위해 기도하는 시간은 누구나 가질 수 있습니다. 눈을 감고 3분만 기도해 보십시오. 쉬운 것 같지만 쉽지 않습니다. 한번 하기는 쉽습니다. 하지만 매일 하기는 어렵습니다. 그것을 매일 할 때 봉사가 됩니다. 일 주일에 한 두 시간이라도 교회를 위해서 섬길 일이 무엇인가, 주일에나 주간 중에 섬길 일을 찾으십시오. 한 달에 하루나 몇 시간이라도 주의 일을 위해 자신을 드리십시오. 일년에 며칠만이라도 주님의 일을 위해서 헌신하고 참여해보십시오.

단기 선교에 참여하여 복음이 절실히 필요한 선교 현장을 돌아보십시오. 평생에 얼마 동안이라도 주를 위해서 바칠 마음이 있습니까? 1년, 아니 한 달은 어떻습니까? 70-80년을 살아가면서 하나님을 위해서는 어떤 시간도 낼 수 없습니까?

다섯째, 더욱 힘써서 섬기십시오.

이것은 날이 갈수록 더욱 많이 섬기고 더욱 깊이 섬기라는 것입니다. 하나님의 일을 하는데 있어서도 가뭄에 콩 나듯 가끔 하지 말고, 늘 넉넉하게 섬기라는 것입니다. 교회에서 무슨 일을 하려고 할 때 손이 모자라지 않게 하라는 것입니다. 남의 눈에 잘 띄지 않는, 궂은 일도 찾아서 자원하여 즐겁게 섬기십시오. 어린아이 때와 청소년 때 그리고 장성한 어른이 되었을 때는 여러 면에서 다릅니다. 돌봄을 받기만 하다가 남을 돌보는 단계로 가는 것이 성장의 모습입니다. 이른 아침, 유치원에 가는 아이의 양말을 신겨 주는 아빠를 생각해보십시오. 교회도 마찬가지입니다. 성숙한 사람이 미숙한 이들을 돌보는 것입니다. 계속 대접받는 사람은 자신이 아직도 아이라는 것을 드러내는 것입니다. 버스를 타거나 전철을 타면 강한 사람이 약한 사람에게 자리를 양보합니다. 섬기는 것은 강한 사람, 힘 있는 사람이 하는 것입니다. 하는 둥 마는 둥 하는 것이 아니고 무슨 일에나 최선을 다하십시오.

직장에서 사장이나 회장이 직원에게 각별하게 부탁한 일을 직원이 대충대충 할 수 있습니까? 만약에 그렇게 한다면 미운 털이 박히거나 머지않아 사표를 내야 할 것입니다. 대통령이 부탁한 일은 엉성하게 해치울 수가 없고, 최선을 다해서 가장 멋진 결과를 얻도록 할 것입니다. 하물며 하나님의 일을 하는 사람이 눈가림만 한다거나 성의없이 할 수 있을까요?

"형제를 사랑하여 서로 우애하고 존경하기를 서로 먼저 하며 부지런하여 게으르지 말고 열심을 품고 주를 섬기라" (롬 12:10).

게으른 사람은 어떤 일도 제대로 마무리하지 못합니다. 자신의 일조차 제대로 하지 못합니다. 그러나 열심 있는 사람, 부지런한 사람은 새벽을 깨우고, 시간을 낭비하지 않습니다. 사랑하기 때문에 수고를 수고로 여기지 않는 것이 정말 아름다운 섬김입니다.

봉사자의 바른 자세

"마음을 같이 하여 같은 사랑을 가지고 뜻을 합하며 한 마음을 품어 아무 일에든지 다툼이나 허영으로 하지 말고 오직 겸손한 마음으로 각각 자기보다 남을 낫게 여기고 각각 자기 일을 돌아볼 뿐더러 또한 각각 다른 사람들의 일을 돌아보아 나의 기쁨을 충만케 하라" (빌 2:2-4).

첫째, 마음과 사랑과 뜻을 같이 하십시오.

몸에는 많은 지체가 있지만 다 머리의 지시에 따라 하나로 움직이는 것이 정상입니다. 만일 팔이나 발이든지 어느 하나 머리의 지시대로 움직여주지 않는다면, 그건 장애가 생긴 것입니다.

이와같이 우리 모두는 주님의 교훈에 따라, 같은 마음과 동기로 하나님의 교회를 섬겨야 합니다. 교회의 방향과 의도와 다르게 자기 마음대로 열심을 내다 보면, 오히려 교회에 피해를 줄 수 있습니다.

종종 자기 열심으로 일을 하는 사람들이 있습니다. 그것은 자기만족이 되어 오히려 교회에 어려움을 줄 수도 있습니다. 그러므로 진정한 봉사는 성령의 은사를 따라 선한 청지기처럼 섬기는 것이어야 합니다.

둘째, 다툼이나 허영으로 하지 마십시오.

딸들이 많은 집에는 가끔 이런 일이 있습니다. 두 딸이 번갈아가면서 어머니의 설거지를 도왔습니다. 어느 날, 두 딸이 다투고 있었습니다. "언니가 왜 하려고 해? 오늘은 내가 할 차례야!", "아니야, 네가 저번에 했으니까 이번에는 내가 할 차례야" 하며 두 딸이 티격태격 하는 것입니다. 그 상황에서 어머니가 "그래, 이기는 쪽이 도와주렴" 하고 말하지는 않을 것입니다. 도움은 필요하지 않으니, 그만 싸우라고 할 것입니다.

교회도 마찬가지입니다. 일하면서 싸우는 사람들이 있습니다. 다툼과 허영으로 하지 말라고 했습니다. 그 중에 어떤 분은 말만 많이 하는 사람도 있습니다. 이런 사람들 때문에 다툼이 일어나고, 허세가 생깁니다. 허세가 무엇입니까? 내가 한 일을 알아달라는 것이며, 자신이 하지도 않았으면서 한 것처럼 꾸미는 것입니다. 조용히 섬기며 입으로 하지 말고 행동과 삶으로 섬기는 것이 덕이 됩니다. 우리는 다만 주의 일을 하는 청지기요, 일꾼일 뿐입니다.

셋째, 자신보다 남을 낫게 여기십시오.

자신의 일이 중요한 만큼, 다른 사람의 일도 중요하기 때문에 서로 인정해 주는 것이 필요합니다. 그런데 우리는 자신에 대한 평가와 남에 대한 평가가 너무 다릅니다. 다른 사람의 생각이 섬세하면 "쫌스럽다"고 하면서도 자신이 그러면 "자상하다"고 말합니다. 다른 사람의 의견이 강하면, "고집이 세다"고 말하지만 자신에게는, "소신이 있다"는 식으로 표현하기도 합니다. 이것은 남을 나보다 낫게 여기는 태도가 결코 아닙니다. 남을 무시하는 사람은 아무리 일을 잘 해도 인간관계가 어려워져, 결국 서로 상처를 입히게 됩니다. 자신은 일을 하고 있는데, 만약 다른 사람은 일을 하지 않는다고 해서 그 사람을 비난하거나 욕하지 마십시오. 욕하면서 닮게 됩니다.

넷째, 자신의 일을 돌아보십시오.

이것은 개인의 책임을 의미합니다. 남의 일을 참견하기 전에 자신이 맡은 일을 확실하게 감당하는 것이 중요합니다. 자신이 해야 할 일은 하지 않고 남의 일에 참견하거나 남의 실수를 지적할 때가 있습니다. 중요한 것은 자신에게 맡겨진 일을 우선적으로 먼저 잘 감당해야 하는 것입니다. 남의 아이가 공부를 못한다고 핀잔을 주지 말고 내 아이가 공부를 잘 하도록 양육하는 것이 더 급하지 않을까요? 자신에게 주어진 책임 사항이라면 아주 작아 보여도 확실하게 감당하십시오.

다섯째, 남의 일도 돌아보십시오.

자기 일만 하다 보면 남들을 도외시하는 폐단이 생깁니다. 곁에 있는 사람이 어떻게 되든지 자신의 일만 잘하면 된다고 생각하는 것은 이기적입니다. 다른 사람들과 협력하십시오. 주변이 모두 공해로 덮여 있는데 자기 혼자만 깨끗한 공기를 마실 것으로 기대하는 것은 어리석습니다. 인간은 '사회적 동물'이라고 합니다. 특히 그리스도인은 한 몸에 속한 지체이므로 더욱 공동체 의식이 필요합니다. 사람은 결코 혼자 존재할 수 없습니다.

이것은 운전과 비슷합니다. 자기 차를 바르게 운전하는 것이 우선이지만, 남의 차에 불편을 주면서 자기가 먼저 가겠다고 서둘다가는 모두 가지 못합니다.

요즘에는 안전운전이라는 말뿐만 아니라, 방어운전이라는 말도 자주 사용합니다. 다른 차가 정신없이 내게로 돌진해 올 수도 있기 때문입니다. 자신 때문에 다른 사람에게 피해를 입히지 마십시오. 자기 일을 열심히 하다 보면 남에게 피해를 줄 때가 있지만, 남을 좀 더 배려하고 도울 수 있는 넓은 마음을 가지십시오.

성령의 은사를 따라 섬기기

다른 사람이 어떤 일을 잘 한다고 해서 자신도 똑같은 일을 하려고 한다면 비효과적일 수 있습니다. 사람마다 재능과 기회가 다르고 솜씨가 다르기 때문입니다. 하나님께서 모든 성도에게 각기 다른 은사를 주셨습니다.

"각각 은사를 받은 대로 하나님의 각양 은혜를 맡은 선한 청지기 같이 서로 봉사하라" (벧전 4:10).

"그가 혹은 사도로, 혹은 선지자로, 혹은 복음 전하는 자로, 혹은 목사와 교사로 주셨으니 이는 성도를 온전케 하며 봉사의 일을 하게 하며 그리스도의 몸을 세우려 하심이라" (엡 4:11).

하나님은 각 성도들에게 독특한 은사를 주셨습니다. 그 외에도 성령님께서 성도들에게 특별한 은사를 주십니다. 그 중에 어떤 사람은 전도의 은사가 있어서 누구보다도 열심히 전도에 열정을 쏟고, 어떤 사람은 가르치는 은사가 있어서 다루기 어려운 아이들을 잘 지도하며 가르치기도 합니다.

그런데 은사없이 욕심으로 하는 경우가 있습니다. 그러면 본인도 힘들고 일도 제대로 성취되지 않습니다. 갈등이 생기며 마찰이 일어납니다. 자신에게 주어진 좋은 재능을 잘 활용해야 좋은 결과를 가져옵니다.

은사의 종류는 많습니다. 에베소서 4장 11절 말씀을 보면 어떤 사람은 사도로, 목사로, 교사로 세워진다고 합니다. 하나님께서는 우리 각자에게 다른 은사들을 주셨습니다.

성령의 은사를 따라 봉사할 때 풍성한 열매를 얻게 됩니다. 어떤 열매를 기대할 수 있을까요?

첫째, 성도를 온전케 합니다.

자신의 신앙이 조금씩 나아지고, 신앙이 성숙해지며 온전하기를 바란다면 섬기십시오. 신앙은 여기서 멈추는 것이 아닙니다. 그 다음 단계로 반드시 가야 합니다.

우리의 목표는 장로와 권사가 되는 것이 아닙니다. 목사가 되는 것이 아닙니다. 우리의 목표는 예수님을 따라가는 것입니다. 예수님을 닮는 것입니다. 끝도 없이 가야 합니다.

지금까지 교회에 다니면서 뒤에서 비난만 하고 남이 잘못하는 것을 비판하고, 여기저기 약점만을 이야기했다면, 이제는 험담을 멈추고 조용히 섬기기 시작하십시오. 뒤에서 팔짱끼고 구경만 하는 축구 선수는 실력이 늘지 않는 것처럼, 교회에서도 남들이 섬기는 것을 지켜 보면서 평가만 한다면 절대 성장할 수 없습니다.

둘째, 봉사가 제대로 이루어집니다.

열심 있는 한 두 사람이 열 가지, 스무 가지 일을 하면 일이 제대로 되지 않습니다. 모든 성도들이 자신의 은사를 확인하고 개발하여 효과적으로 섬길 때 비로소 교회의 여러가지 일들이 제대로 돌아가게 됩니다.

작은 시계 속을 본 적이 있습니다. 작은 톱니들이 놀랍게 서로 맞물리며 돌아가는 것이 신기했습니다. 부속품의 모양은 다 다르고 그 역할도 다른데, 서로 한 팀이 되어 정확한 시간을 알려 주는 것입니다.

그림 모자이크를 보십시오. 작은 조각들이 잘 맞춰져서 한 폭의 멋진 그림이 됩니다. 그런데 아주 비슷하게 보여서 남의 자리에 끼워 넣으려고 하면 맞지 않고, 억지로 끼우면 그림이 망가집니다. 다 제자리가 있는 것입니다.

셋째, 그리스도의 몸인 교회가 건강하게 세워집니다.
무엇보다도 은사를 따라 섬길 때 교회가 건강하게 되고, 또 건강한 교회는 자연스럽게 성장하게 됩니다. 자신이 감당해야 할 일은 하지 않으면서 "왜 우리 교회는 성장하지 않는가?"라고 묻는 것은 잘못입니다. 예루살렘 성전이 무너졌을 때 느헤미야는 울며 기도했습니다. 그는 사람들에게 예루살렘으로 돌아가 성전을 세우자고 간절히 호소했고, 52일만에 성전을 건축했습니다.

하나님께서 느헤미야에게만 상을 주셨습니까? 아닙니다. 이름없이 벽돌을 날랐던 사람들 모두에게 상급이 있습니다.

하나님의 교회가 그렇게 건강해져 가는 것입니다.

누구를 섬겨야 합니까?

가정에서는 가족을 섬기십시오. 직장과 학교에서는 주의 이름으로 동료들을 섬기십시오. 우리가 사는 지역 사회에서는 할 수 있는 대로 지역 봉사에 참여하여 섬기십시오.

교회에는 자원하여 섬길 일들이 많습니다. 아름다운 찬양을 준비하는 찬양팀과 어린이들을 지도하는 교사, 예배 참석자들을 안

내하는 봉사, 예배를 위해 간절하고 뜨겁게 기도하는 중보 기도, 예배 시간에 봉헌하는 헌금위원, 주간 중 교회 밖에서의 전도, 주일에 어린 아기들을 돌봐줌으로써 엄마들이 마음 놓고 예배드리도록 돕는 봉사, 사랑방의 성도를 섬기고 심방하고 돌보는 소그룹 리더 등 그 모든 것들이 귀하고 값진 것입니다.

봉사를 할 때 주의할 것이 있습니다. 아무리 자신이 하고 싶은 일이라도 교회 지도자와 의논하지 않고 자기 맘대로 하면 안 됩니다. 하고 싶은 일이라고 해서 자기 맘대로 하면 교회의 질서가 무너지고 혼란을 초래할 수 있습니다. 아이가 분주한 엄마를 돕는다고 부엌에서 칼을 들고 이리 저리 다니면 오히려 사고를 저지릅니다. 그런 아이는 엄마가 시키는 일을 하거나 자기 방에서 조용히 공부하는 것이 엄마를 돕는 것입니다.

교회를 위해 일할 때에도 부탁 받은 일에 순종하여 성실하게 감당하는 것이 아름답습니다.

봉사자에게 약속하신 하나님의 상급

어떤 사람의 농담처럼, 혹시 상급에 눈이 멀어서 봉사를 합니까? 아이들은 부모가 내리는 상을 원하고, 학생들은 선생님의 칭찬을 원하고, 성도들은 주님의 칭찬을 원하고, 사실 목사의 칭찬도 원하지 않습니까? 그러나 사람들의 인정과 박수를 기대하다 보면 우리는 너무 쉽게 실망하게 됩니다.

그러나 주님은 우리가 주님을 위해 작은 수고를 할 때에도 그것을 가볍게 여기시지 않습니다. 성실한 일꾼에게는 아낌없는 박수와 칭찬을 보내 주십니다.

"이는 너희 수고가 주 안에서 헛되지 않은 줄을 앎이니라" (고전 15:58).

예수님의 제자들은 복음을 위해서 자신의 삶을 헌신한 사람들이었습니다. 그들은 주님께 전폭적으로 헌신했지만 이 세상에서는 화려한 상급을 받지 못하고 오히려 순교하였습니다. 그렇지만 그들은 하나님의 나라에서 영원한 생명의 면류관을 받습니다.

그래서 사도 바울은 달려갈 길을 다 가고 믿음의 싸움을 마친 후에 영광스런 면류관을 기다린다고 말했습니다. 제자들은 주님께서 그들에게 무엇을 요구하시는지 잘 알고 있었습니다.

"사람이 마땅히 우리를 그리스도의 일꾼이요 하나님의 비밀을 맡은 자로 여길지어다 그리고 맡은 자들에게 구할 것은 충성이니라"(고전 4:1-2).

바울이 전도하며 여러 곳을 여행하는 동안에 그를 도왔던 봉사자들이 많았습니다. 바울이 빌립보에 갔을 때 옷감 장사인 루디아는 복음을 듣고 결신한 후, 자신의 가정을 열어 교회를 시작했습니다. 바울이 고린도에서 만난 브리스길라와 아굴라 부부는 평신도인데, 같이 장막 만드는 일을 하면서 전도했습니다. 특히 빌립보 교회의 에바브로디도라는 사람은 얼마나 잘 돕는지, 바울에게는 기쁨이 넘쳤다고 기록되어 있습니다.

몇 년 전, 힘이 들고 지쳐 사역에 대한 회의를 느낄 때가 있었습니다. 그래서 아무에게도 말하지 않고 조용한 기도원에 며칠을 가서 지내고 왔습니다. 성경책과 다른 책 한 권을 들고 갔는데, 그 책이 「상처받은 치유자」(Wounded Healer)였습니다.

네덜란드 출신의 헨리 나우웬(Henry Nouwen)이라는 사제가 쓴 책입니다. 제목이 너무나 제 마음에 다가왔습니다. 자신도 상처받았지만 남을 치유한다는 제목이 꼭 예수님 같았습니다.

예수님은 십자가에 죽으시면서 남을 고치셨습니다. 책을 읽으면서, 얼마나 많이 울었는지 모릅니다. 하늘을 보며 울면서 회개했습니다.

상처받은 것에 대해 내가 엄살을 부릴 것이 아니구나, 고난 당하는 것에 벌벌 떠는 것이 아니라 내가 고난을 당하므로 다른 사람이 예수님을 믿는다면 좋겠구나…! 그때 이런 기도를 했습니다.

"저의 고난을 통해 다른 사람이 구원을 받는다면, 제가 계속 힘들어도 됩니다. 제가 만약 너무 아프고 고통스럽기 때문에 다른 사람이 천국에 갈 수 있다면 하나님, 제가 그렇게 하겠습니다."

헨리 나우웬은 예수회 사제로서, 영성에 관한 탁월한 저술가로 유명합니다. 예일, 노틀담, 하버드 대학에서 재직하였고 30여 권이 넘는 귀중한 책들을 저술하였습니다. 하버드에서 학생들을 가르치고 있던 어느 날, 하나님께서 그의 마음을 두드리셨습니다.

"너는 다른 사람에게 좋은 일을 하고 섬기는 삶에 대하여 가르치는데, 너는 뭐하고 사느냐? 너는 정말 섬기는 사람이냐?"

오랜 고민 끝에 헨리 나우웬은 교수직을 그만두었습니다. 그리고 '라르쉬 데이브레이크'(The L'Arche-Daybreak)라는 시설에서 정신 박약 장애인들을 섬기며 남은 여생을 보냈습니다. 헨리 나우웬은 매일, 아담이라는 한 장애인을 깨워서 씻기고, 옷 입히고, 음식을 먹이고 그의 대소변을 처리하는 것까지 돌보았습니다.

하루는, "아담, 내가 누구인지 아니? 내가 하버드 대학의 유명했던 교수다." 그러나 아담은 아무 대답없이 침만 흘릴 뿐이었습니다. 답답해서 내가 누군지 좀 알아달라고 그랬답니다.

그때 나우웬은 깨닫게 되었습니다. 이 어린아이 얼굴에서 예수님의 얼굴을 보는 구나! 이제까지 나는 인기 있는 훌륭한 교수와 박사로 세상에 알려져, 사람들에게 칭찬을 받았지만 그 아이 앞에서는 아무것도 할 수 없는 것이구나! 라고 깨달은 것입니다.

아담 때문에 그의 삶이 더욱 새로워진 후, 그의 저서를 읽었는데 그 책들을 읽을 때마다 눈가가 촉촉해졌습니다. 이것이 진짜 봉사구나 하는 깨달음을 얻었습니다.
놀라운 것은 나우웬이 점점 예수님을 닮아 갔다는 것이었습니다.

예수님은 우리를 끝까지 섬기시고 아낌없이 주셨습니다. 그리고 자신의 생명까지 우리에게 주셨습니다. 그런데 우리는 지금 무엇을 하며 살고 있습니까? 왜 이렇게 복잡한 질문들이 많고 변명이 많고 이유가 많습니까? 왜 남의 잘못만 자꾸 눈에 보입니까?

하나님께서 우리에게 봉사를 요구하시는 것은 강요가 아닙니다. 강요라고 느껴지면 하지 않아도 됩니다. 그런 마음으로 일을 하면 역효과를 가져옵니다. 즐거움으로 하십시오.
마지막까지 섬길 수 있기를 바랍니다.

"내가 속히 임하리니 네가 가진 것을 굳게 잡아 아무나
네 면류관을 빼앗지 못하게 하라"(계 3:11).

8

어떻게 유혹을 이길까?

유혹은 절대 위험하거나 더러워 보이지 않습니다.
아주 매력적이기까지 합니다.
아담과 하와가 뱀의 유혹을 받을 때,
그들이 처한 환경이 완벽했음에도 불구하고
그들은 유혹에 넘어갔습니다.
유혹은 전에도 있었고, 지금도 있으며,
앞으로도 사라지지 않을 것입니다.
유혹에 잘 대비하고 그것을 이길 수 있도록
영적인 힘을 키우십시오.

믿음 · 성경 · 기도 · 예배 · 전도 · 헌금 · 봉사 · **유혹** · 고난 · 인도하심

마가복음 14장 38절
"시험에 들지 않게 깨어 있어 기도하라
마음에는 원이로되 육신이 약하도다 하시고."

"새가 머리 위에서 빙빙 도는 것은 막을 수 없다. 그러나 자기 머리 위에 둥지를 틀게 하지는 마라."

윗 문장은 유혹에 대하여 우리가 취해야 할 태도를 잘 설명하고 있습니다. 우리의 주변 곳곳에는 많은 유혹이 있습니다. 성경에서는 '시험'이라고 번역되어 있지만, 우리에게 미끼를 걸어 끌고 가는 것이 유혹입니다. 마치 보이지 않는 땅 속에 여기저기 묻힌 지뢰처럼, 잘못해서 밟기라도 하면 금방 폭발하는 무서운 파괴력을 지닌 것입니다. 이미 우리 사회에는 사단의 악한 세력이 넓고 깊게 파고 들어와 있습니다. 자칫 발을 잘못 디디면 순간적으로 유혹의 지뢰가 터지면서 큰 상처를 입게 됩니다. 그런데 유혹은 절대 위험하거나 더러워 보이지 않습니다. 아주 매력적이며 아무런 해도 끼칠 것 같아 보이지 않기 때문에 많은 사람들이 손쉽게 넘어갑니다.

공부를 더 잘하라고 야단한다고 아버지를 살해하는 아들이 있는가 하면, 자식을 살해하는 부모도 있습니다. 지나가는 사람에게 시비를 걸어 패싸움을 하고, 상대방을 칼로 무자비하게 난자하는 끔찍한 사건도 자주 일어납니다. 남의 것을 빼앗고도 그런 것쯤을 가지고 웬 야단법석이냐고 도리어 반문한 강도도 있습니다.

모두 사단의 유혹에 빠진 것입니다.

그리스 신화에 반은 새의 모습으로, 반은 여자의 모습을 가진 '사이렌'(Siren)이라는 존재가 있습니다. 시인 호머에 의하면 특히에게 바다의 한 섬에 사는 사이렌은 아주 위험했습니다. 그 섬을 지나다 보면 아름다운 노래 소리가 들리는데, 그 소리가 너무 감미로워서 자신도 모르게 배를 그쪽으로 가게 합니다. 그런데 노래에 매혹되어 따라간 선원들의 배는 모두 파선되어 죽어버리는 것이었습니다. 다만, 그리스의 영웅인 오딧세우스는 모든 선원의 귀를 틀어막고 아무 소리도 듣지 못하게 하여 위기를 넘겼다고 합니다.

유혹의 힘에 대하여 경고하는 교훈입니다.

유혹은 청소년들에게만 있는 것이 아닙니다. 청년, 장년, 노인들에게도 똑같이 있습니다. 공부를 많이 했든지 못했든지 간에 유혹은 똑같이 있습니다. 나쁜 환경이나 좋은 환경이나 어디든지 마찬가지입니다. 많은 범죄자들이 자신들의 나쁜 주변 환경을 탓하지만, 아담과 하와가 뱀에게 유혹을 받았을 때 그들이 처한 환경은 완벽했습니다. 그러나 유혹은 그와 상관없이 사람들을 넘어뜨립니다. 유혹은 예수를 안 믿는 사람에게도 있고, 평생 예수님을 믿는 사람에게도 있습니다. 하나님을 모르는 사람은 선과 악의 기준이 불분명하여 유혹에 이끌리기 쉽고, 하나님을 믿는 사람이라도 육신적인 생각에 잡혀 있으면 여지없이 유혹에 빠지게 됩니다. 아무도 유혹에서 면역되었거나 완전히 해방된 사람은 없습니다. "Disciple Journal"이라는 기독 잡지에서 독자를 대상으로 영적인 도전이 되는 유혹에 대한 설문조사를 했는데, 다음과 같은 순서로 여덟 가지 항목이 집계되었습니다. ① 물질주의 ② 교만 ③ 이기심 ④ 게으름 ⑤ 음욕 ⑥ 시기 ⑦ 탐욕 ⑧ 거짓말 등입니다.

어떤 유혹들이 있을까요?

탈무드에서는 사단이 자주 사용하는 공격 무기 가운데 술이 있다고 말합니다. 옛날부터 지금까지 술 때문에 많은 사람들이 넘어졌습니다. 그런데 최근에는 사단이 애용하는 무기들의 종류가 아주 다양해졌습니다. 옛날에는 사용하지 않던 TV와 영화, 인터넷 같은 매체를 통해 자신의 메시지를 끊임없이 보내고 있습니다.

우리 주변에서 끈질기게 유혹하는 사단의 무기 중에는 또 어떤 것들이 있을까요?

1. 돈과 재물 - 돈벌이가 된다면 양심이 부패해져도 상관치 않고 덤비는 사람들이 있습니다. 우리의 자녀들이 범죄의 소굴에 빠져 가는 것을 보면서도 돈벌이가 된다고 그들에게 유흥업소를 개방합니다. 나라 경제가 악화되면 집창촌이 오히려 번창한다고 합니다. 몸이라도 팔아서 살겠다는 몸부림인 것입니다. 경건 생활을 좀먹이고 신앙에 결정적인 독소가 되는 것을 알면서도, 돈이 생긴다면 부도덕한 일도 마다하지 않습니다.

「유혹」이라는 책에 '독수리 이야기'가 나옵니다. 독수리 한 마리가 골짜기를 내려다보며 나무 위에 위엄있게 앉아 있다가, 갑자기 날아올라 건너편 바위 위에 앉았습니다. 물가 바위 위에 물고기 한 마리가 놓여 있는 것을 보았기 때문입니다. "이상하다! 여기는 물도 없는데 물고기가 있네." 독수리는 일단 의심하고 사방을 둘러 보았는데 아무도 없습니다. 안전해보이자, 재빨리 물고기를 나꿔챘습니다. 다음날에도 그곳으로 가 보았습니다. 그런데 또 물고기가 놓여 있는 것입니다. 다시 주위를 둘러 보았지만 위험한 짐승이나 사람은 보이지 않았습니다. 독수리는 이번에도 힘들이지 않고 먹이를 잡았습니다. 그날 밤 숲에 숨어 있던 사냥꾼이 그 바위 위에 그물을 쳤습니다. 독수리는 이상한 물체가 보이자, 앉지 않고 공중을 맴돌았습니다. 한참을 돌면서 주위를 봐도 아무도 보이지 않자 그물 위에 살짝 앉아 보았습니다. 별 일이 아닌 것처럼 보였습니다. 그리고 바위 옆에 있는 물고기를 낚았습니다. 그날도 아무런 일이 생기지 않자, 독수리는 그 다음날 또 다시 그곳에 갔습니다. 밤 사이에 사냥꾼은 보이지 않게 그물을 밧줄에 연결해 놓았습니다. 독수리는 그 동안 아무 일도 없었기 때문에 안심하고 물고기를 집어서 바위에 놓고 먹으려고 했습니다. 그런데 아무런 위협이 될 것 같지 않던 밧줄이 갑자기 튕겨지면서 그물이 독수리를 덮쳤습니다. 강한 발톱으로 그물을 잡아 당겼지만 꼼짝없이 잡히고 말았습니다. 물고기에 유혹된 독수리는 힘없이 사냥꾼의 손에 걸려 들었습니다.

여러 날 동안 아무 해가 없었고, 일 주일, 이 주일, 삼 주가 지나도록 아무 해도 없자, "괜찮아! 내가 괜히 떨었어. 주일예배에 한 번 안 갔다고 해서, 내가 도박 한 번 했다고 해서 망하겠어?" 라고 생각한다는 것입니다. 처음, 예배를 빠지고 놀러 갈 때에는 은근히 걱정이 됩니다. "이러다가 무슨 일이라도 생기는 거 아냐?" 그런데 별일없이 지나갑니다. 그러면 약간 안심이 됩니다. 그래서 다시 한 번 더 해봅니다. 그래도 사고나 놀랄 일이 생기지 않자 그때부터는 이상한 자신감이 생기게 됩니다. "괜찮은 건데, 내가 공연히 겁을 먹었구나!" 하면서 점점 깊이 빠지는 것입니다.

2. 도박과 쾌락 – 요즘 미국 젊은이들이 끔찍한 일을 저지르고도 왜 그랬느냐고 물으면 기가 막힌 대답을 합니다. "재미있잖아요!" 몇 년 동안 먹을 것과 입을 것과 잠자는 것까지 아끼면서 돈을 모아

간신히 작은 사업체를 마련한 사람이, 시간이 조금 나고 경제적 여유가 생기면 도박장에 드나들기 시작합니다. 처음에는 그저 심심풀이로 가끔 가다가, 몇 번 재미를 보더니 점차 그 횟수가 늘어갑니다. 그러다가 약간의 돈을 잃으면 은근히 화가 납니다. "그게 어떻게 번 돈인데…". 그래서 그 다음부터는 본전을 찾으려고 다시 도박장을 드나듭니다. 그런데 결국 얼마가지 않아서 재산을 모두 탕진하는 일까지 벌어지는 것을 자주 보게 됩니다.

청소년들 사이에서는 비디오 게임이 빠질 수 없습니다. 얼마 전만 해도 간단한 흥미 위주의 오락이었는데 지금은 대부분의 게임이 서로 잔인하게 때리고 죽이는 것들입니다. 요즘 게임들은 컴퓨터 기술이 급속히 발달되면서 더 머리를 써야 하고, 시간의 소요가 많습니다. 상대방을 죽이면 피가 튀고 머리가 잘려 나가기도 합니다. 아이들은 아무렇지도 않게 그런 전쟁 놀이를 매일 하고 있습니다. 결국 그들에게도 싸움이나 전쟁이나 죽는 것이 별로 대단치 않은 일처럼 여겨지게 됩니다. 그저 재미있다고 생각합니다. 사람의 목숨을 귀하게 여기지 않는다면 무서운 일들이 벌어집니다. 얼마 전 샌디에고 수족관에서는 중학생 아이들이 관람자가 손으로 만질 수 있도록 얕은 물에 넣은 상어와 가재미를 날카로운 막대기로 찍어서 결국 죽였다가 경찰에 잡혔습니다. 그것이 얼마나 잔인한 것인지 생각지 않습니다. 모두 사단의 고도의 술책입니다.

지난 번 월드컵 축구 경기 중에 한국인들이 보인 응원 열기에 세상이 놀랐습니다. 그런데 '붉은 악마'(Red Devil)라는 응원단의 이름이 어쩐지 탐탁치가 않았습니다. 상대방에게 위협을 주는 의미에서 그런 이름이 효과가 있다고 하지만, 응원단 중에는 정말 사단처럼 복장을 입거나 머리에 뿔을 다는 등, 사단처럼 변장하여 나오는 이들도 있었습니다. 언론에서는 붉은 악마의 힘으로 경기에서 이겼다는 말까지 했습니다. 이런 것들은 사단을 친숙한 대상으로 생각하게 만듭니다. 미국에도 TV 만화 프로그램 가운데 'Friendly Ghost'라는 것이 있습니다. 마귀를 귀엽게 그려서 우리 아이들의 일상과 자연스럽게 가까워지게 하는 것입니다. 그런 프로그램을 계속 즐기다 보면 마귀를 친구처럼 여기지 않을까 걱정됩니다.

예수님을 믿는 사람이 얼굴을 찌푸리고 인상을 쓰고 근엄하게 사는 것을 잘하는 것이라 말할 수 없지만, 항상 가벼운 웃음을 추구하는 삶도 잘못입니다. 쾌락을 누리는 것과 정말 기쁘게 사는 것과는 다릅니다. 쾌락은 잠깐 즐긴 후에 반드시 허탈감에 빠지거나 방황하게 되는 경우가 많습니다. 성경은 "여호와를 기뻐하는 것이 우리의 힘"이라고 말합니다. 도박과 스포츠가 주는 잠깐의 쾌락은 우리를 흥분시키지만, 조용하면서도 그치지 않는 진정한 기쁨은 깊은 신앙 안에서 발견됩니다. 얕은 시냇물은 시끄러운 소리를 내며 흐르지만, 깊은 물은 고요해도 많은 물고기의 안전한 고향입니다.

예수님을 믿은 후에도 쾌락을 추구한다면 그런 사람은 주님이 주시는 깊고 넓은 평안과 기쁨을 아직 누리지 못했기 때문일 것입니다. "예수를 믿으면 무슨 재미로 사세요?"라고 묻는 사람이 있습니다. 예수님을 믿으면 하나님께서 주시는 변하지 않는 진짜 기쁨을 얻게 됩니다.

3. 명예 – 이것은 나이가 들어갈수록 더 매력을 느끼는 부분입니다. 사회의 중책을 맡았던 시절이 지나면 자신이 소외된다는 생각을 가질 때가 많습니다. 그래서 사람들 중에는 은퇴한 후에 더욱 소외감을 느끼고 노여움이 많아집니다. 어떻게 해서라도 자신이 괜찮은 존재라는 것을 알리기 위해서 작고 큰 단체의 우두머리가 되려고 합니다. 각종 위원장이나 회장, 의장, 부의장, 총재 같은 거창한 단어가 쉽게 남용됩니다.

단체의 장(長)이 되려고 뇌물로 사람들을 포섭하고, 거창한 명함을 가지고 다니며 뿌립니다. 왜 선거에 그렇게 많은 사람들이 입후보합니까? 정말 나라를 사랑하고 민족에 큰 공헌을 하기 위해서 그렇게 열심을 낼까요? 물론 부분적으로는 그런 면도 있겠지만 더 깊은 동기를 보면, 명예를 얻고 이름을 내고자 하는 숨겨진 욕심이 있습니다.

정말 희생과 헌신을 다짐하여 입후보했다면 재직 기간에 절대로 뇌물을 받지 말고, 정직하고 성실하게 봉사해야 하지 않을까요? 물론, 내가 잘해 봐야지 하는 마음도 있을 것입니다. 그럼에도 불구하고 마음 깊은 곳에는 '높이 올라가야 호령하고, 큰소리 치고, 마음의 한(恨)을 풀겠지' 라는 생각을 하는 것입니다.

이런 모습은 예수님 당시에도 비슷했습니다. 예수님의 제자들이 예수님을 3년 이상 따라 다니며 얼마나 많은 것을 보았겠습니까? 예수님께서 십자가에 달릴 때가 가까웠지만 제자들은 여전히 누가 서로 더 큰가를 놓고 다투었습니다. 조금 더 크면 뭐합니까? 이제 예수님은 머지 않아 십자가에 달리실 텐데, 그들은 엉뚱한 생각만을 하고 있었습니다.

높낮이는 다르지만 정치인이나 누구 욕할 것이 아니라 우리 속에도 그런 마음이 있습니다. 그래서 교회에서도 명예 때문에 싸우는 것입니다. 마치 권사나 장로가 되면 상당히 높은 계급에 오른 것처럼 착각하는 이들이 많습니다. 물론 그런 직분을 거룩한 동기로 구할 수도 있습니다. 그러나 교회의 어른이 되어서 교회의 여러 문제에 자신의 영향력을 드러내고 싶어 하는 마음도 숨어 있는 것입니다. 나라에서 권력 다툼을 하는 것이나 교회에서 세력 다툼을 하는 것이, 차이가 없습니다. 이런 유혹들을 이겨야 합니다.

"세상에서 대접받고 명령하는 자리를 탐하기보다는 하나님의 사람으로 말씀에 순종하여 살겠습니다"라는 조용한 마음의 결단을 내리십시오. 명예가 좋은 것이지만 곧 사라지는 안개와 같습니다. 그래서 주님은 잔칫집에 가면 상좌에 앉지 말고 아예 처음부터 낮은 자리에 앉으라고 말씀하신 것입니다. 구약의 모세는 '애굽의 왕자'라는 높은 자리에 있었지만, 그것보다는 하나님의 백성과 함께 고난받는 것이 낫다고 생각했습니다. 우리 주님은 어떻습니까? 주님은 이 땅에서 명예를 구하지 않으시고 종이 되는 것을 선택하셨습니다. 낮아지고 또 낮아지셔서 결국 십자가에서 죽으신 것입니다.

4. 음란 – 이것은 청소년부터 남녀노소 상관없이 가장 많은 사람들을 넘어뜨리는, 사단이 가진 최대의 무기요, 미끼입니다. 음란 문제는 창세 이후 인간 사회에서 항상 심각한 문제를 유발하였고, 사단이 가장 강력하게 사용하는 것입니다. 출애굽한 이스라엘 백성이 광야에서 40년을 방황하다가 그토록 꿈꾸던 가나안에 들어가지 못한 이유가 무엇이었습니까? 고린도후서에서 언급한 대로 불신과 불순종과 우상 숭배도 이유였지만, 간음 사건이 더욱 큰 문제였습니다. 하나님을 경외할 줄 모르고 불신하고 불순종하다 보니, 애굽을 탈출한 사람들이 거친 광야 길을 힘들게 통과하여 목표가 눈 앞에 있는데도 음란에 빠져 죽은 것입니다.

위대한 왕 다윗도 음란 문제로 그의 인생에 심각한 오점을 남겼습니다. 결국, 제일 높은 자리인 왕의 위치에 오르게 되었을 때 순식간에 바닥으로 떨어지게 된 것입니다. 세상에서 가장 지혜롭고 부유한 왕인 솔로몬도 말년에 이방 여자들과 성 문제가 복잡하게 얽히는 바람에 나라가 둘로 갈라지고 온 민족과 나라에 슬픔을 안겨주었습니다. 다른 문제에서는 잘 이겼지만, 음란 문제에 걸려 넘어지고 말았습니다.

오늘날에도 권력을 빙자하여 음란을 숨기는 공직자들이나, 성직자들이 있습니다. 미국 카톨릭 교회에서 성직자들의 성적 타락 문제가 드러나기 시작했는데 의외로 그 뿌리가 깊었습니다. 목사니까 안심할 수 있고, 장로니까, 권사니까 안심할 수 있습니까? 절대로 그렇지 않습니다. 종교나 직분이 음란에 대한 면역성을 주는 것은 아닙니다. 신앙 생활을 오래 했든지 초신자이든지 이 음란 문제는 인간 속에 뿌리를 내리려고 하는 무서운 독초입니다. 이 음란 문제는 죽을 때까지 극복하기 힘든, 정말 하나님께서 도와주셔야 하는 문제입니다.

5. 거짓말 – 부정직한 사회에서 진정으로 정직하게 산다는 것이 그렇게 단순하고 쉬운 것만은 아닙니다. 성경은 사단이 모든 거짓의 아비라고 말합니다. 성경에 나오는 첫 번째 범죄도 아담과 하와에게 접근한 사단의 거짓말에서 시작되었습니다. 하나님의 엄연한 말씀이 있는데도 불구하고 인간은 달콤한 사단의 거짓말에 귀를 기울였습니다.

요한계시록에 하나님의 집에 들어가지 못하는 죄가 열거되어 있습니다. 그 죄 중에 모든 거짓말과 거짓말을 지어내는 자가 천국에 들어갈 수 없다고 말합니다. 거짓말은 인간 역사 속에서 가장 깊이 뿌리박고 있는 죄 중의 하나입니다. 거짓 서류, 거짓 성적과 이력서, 거짓된 인간 관계 그리고 거짓 신앙도 우리를 좀먹는 사단의 전략 중 한 가지입니다. "거짓말쟁이는 기억력이 좋아야 한다. 자신이 말한 것을 다 기억해야 하기 때문이다. 그러나 정직한 자는 진실만을 말하면 된다"는 말이 있습니다. 거짓말이라는 죄 때문에 인류가 죄에 빠졌습니다.

6. 교만 – "선 줄로 생각하는 자는 넘어질까 조심하라"고 성경은 말합니다. 스스로 든든하게 서 있다고 장담하는 사람이 어느새 무너지고 넘어지는 것을 봅니다. 교만 때문에 무너집니다. 이 세상에서 유혹받지 않는 사람이 없고, 넘어지지 않을 만큼 완벽한 사람은 없습니다. 사울 왕이나 웃시야 왕은 높은 자리에 올라가자 교만해졌고 곧 급강하로 추락하였습니다.

"넘어지지 않으려면 미리 무릎을 꿇으라"는 말이 있습니다. 기도하는 사람은 넘어지지 않습니다. 다른 대안이 없습니다. "손이 범죄하지 않으려면 자주 두 손을 잡고 기도하라"는 말을 잊지 마십시오.

유혹은 언제나 우리 가까이에 있습니다.
"난 절대로 유혹 같은 것에 빠지지 않아!"라는 교만한 생각이 위험한 것입니다. 유혹 주변에 얼씬거리지도 마십시오. 검은 숯을 만지면서 나만 조심하면 손이 더러워지지 않을 것이라고 생각하지는 않습니까? 착각입니다. 이미 검은 숯에 손을 댔기 때문에 나의 결심과 상관없이 더러워진 것입니다. 벌집 근처에 얼씬거리면 언젠가 벌에 쏘입니다. 한 마리가 아무것도 아닌 것 같지만, 쏘이고 나면 굉장히 아픕니다. 사단에게도 틈탈 기회를 주지 마십시오. 사람마다 갖고 있는 약점이라는 구멍을 통해 사단은 틈을 노리고 있습니다.

유혹을 이기려면…
1. 깨어서 기도하십시오.

"시험에 들지 않게 깨어 있어 기도하라 마음에는 원이로되 육신이 약하도다" (막 14:38).

예수님이 십자가에 달리시기 전 마지막으로 겟세마네 동산에서 기도하실 때, 야고보와 요한, 베드로가 동행했습니다. 예수님께서 "여기서 깨어 기도하라 그렇지 않으면 유혹에 빠진다"라고 말씀하셨지만 예수님이 기도하고 돌아오셨을 때, 제자들은 모두 다 졸고 있었습니다. 후에 그들은 예수님을 부인하는 모습을 보였습니다.

휴전선을 지키는 보초병이 자기 자리에 구멍이 나면 적이 침투할 수도 있다는 생각에 깨어 있는 것처럼, 눈을 크게 뜨고 정신을 바짝 차리고 살아야 합니다. 사단이 우는 사자처럼 우리를 커다란 입으로 삼키려고 우리 주변을 맴돌고 있습니다.

"근신하라 깨어라 너희 대적 마귀가 우는 사자같이 두루 다니며 삼킬 자를 찾나니" (벧전 5:8).

옛날 로마 시대, 부인을 기둥에 묶어 놓고 그의 남편에게 조그만 칼 하나를 주고 사자를 풀어 놓는 형벌이 있었습니다. "네가 사자와 싸워서 이겨 사자를 죽이든지, 네 아내가 사자에게 먹히든지 둘

중에 하나다." 사자가 기둥 옆을 빙빙 돌면서 언제 공격할지 알지 못합니다. 그러면 칼을 든 용사인 남편은 그 으르렁거리는 사자와 똑같은 방향으로 돌며 아내를 보호해야 합니다. 그때 정신차리십시오. 자칫 잘못하면 둘 다 죽습니다. 잠시라도 눈을 떼면, 사단은 순간적으로 덤벼들어 우리를 물어 뜯고 만신창이로 만들어 버릴 것입니다.

새벽을 깨워 기도하는 것은 뛰어난 신앙을 가졌다고 해서 되는 것이 아닙니다. 새벽은 우리를 무장하는 시간입니다. 기도하는 구체적인 방법은 하나님의 전신갑주를 입는 것입니다. 머리부터 발끝까지 적군의 불화살이 꽂히지 못하도록 온몸을 단단히 무장하는 것이 전신갑주입니다. 머리에는 십자가에서 완성하신 영원한 구원의 투구를 쓰십시오. 구원받은 신앙의 확신을 가지십시오. 예수님만 나의 길이요 진리요 생명이라고 고백하십시오. 이것이 없으면 죽습니다. 가슴에는 불의를 배척하는 의의 흉배를 붙이고, 허리에는 거짓과 이단을 막아내는 든든한 진리의 띠로 힘을 삼습니다. 어디로 달려가든 발은 피곤치 않고, 거친 돌짝밭에서도 발이 부르트지 않는 평화의 복음의 신을 신으십시오. 한 손에는 어떤 화살도 뚫지 못하는 믿음의 방패를 들고, 다른 한 손은 무엇이든지 무찌를 수 있는 성령의 검 즉, 하나님의 말씀으로 무장해야 합니다.

이스라엘 백성이 광야에서 아말렉 족속을 대항하여 싸울 때 아말

렉은 거친 광야에 익숙했던 반면, 이스라엘 백성은 애굽에서 오랫동안 정착생활을 하였습니다. 그때 모세는 여호수아로 하여금 싸우게 하고, 자신은 산에 올라가 백성을 위해서 기도했습니다. 그 싸움은 칼로 이긴 것이 아니라 중보 기도로 이긴 것이었습니다.

2. 빈 집이 되게 하지 마십시오. 당시 몇몇의 유대인들은 세례 요한이 외치는 회개의 설교를 듣고 요단강에서 세례를 받았습니다. 그러나 그들은 죄를 버릴 각오는 했지만 예수님을 마음에 믿고 받아들일 생각은 하지 않았습니다. 반성하고 후회하고 잘못을 뉘우쳐 빈 마음이 된 곳에, 교만이 들어가고, 사단이 들어가서 그들의 영적인 상황은 오히려 더 악해졌습니다. 마치 감옥에 다녀온 후에 더 악한 짓을 하는 것과 같습니다. 종교적 개혁이나 인간적인 의지로 마음을 청소했지만, 그 마음을 빈 집으로 남겨 두어 잠시 쫓겨 나갔던 귀신들이 더 많이 몰려 옴으로, 상황이 전보다 더욱 악화되는 것입니다. 이것은 단순히 유대교라는 종교나 사회 개혁이나 악행을 버리는 정도에서 그치면 안 됩니다. 회개한 마음에 예수님을 구주로 영접하여 우리의 삶을 주장하시도록 하지 않고 빈 집으로 방치하면 더욱 악화됩니다.

"더러운 귀신이 사람에게서 나갔을 때에 물 없는 곳으로 다니며 쉬기를 구하되 얻지 못하고 이에 가로되 내가 나온 내 집으로 돌아가리라 하고 와 보니 그 집이 비고 소제되고 수리되었거늘

이에 가서 저보다 더 악한 귀신 일곱을 데리고 들어가서 거하니 그 사람의 나중 형편이 이전보다 더욱 심하게 되었느니라 이 악한 세대가 또한 이렇게 되리라" (마 12:43-45).

우리의 영혼이 성령으로 충만하기를 늘 기도해야 합니다. 아무리 깨끗이 청소된 새 집이라도 빈 집으로 방치해 두면 어느새 거미줄이 덮이고 잡초가 나고 기둥이 썩습니다. 그렇지만 누군가가 이 집에 살면서 집을 잘 관리하면 집이 낡지 않습니다. 자주 청소하지 않아도 사람이 사는 집과, 사람이 살지 않는 집은 전혀 다릅니다. 예수님께서 내 마음 가운데 들어오셔서, 나를 다스려 주시면 정결하게 살 수 있지만, 빈 집이 되면 안 됩니다. 집에 주인이 없으면 도둑이 슬그머니 들어오는 것처럼, 우리 마음에 주님이 주인 되셔서 다스리셔야 유혹이 침투하지 못합니다.

직장 문제를 주님께 맡겼으면 결혼 문제도 주님의 인도를 받으십시오. 돈 문제와 이성 문제 그리고 나쁜 습관과 행동의 문제도 주님을 깊이 신뢰하면서 항상 도우심을 구하며 고쳐보십시오. 무엇보다도 우리 마음을 하나님의 은혜로 채우고, 우리 영혼이 성령의 충만을 경험하게 하십시오.

3. 작은 불씨로 장난하다가 큰 불을 낼 수도 있습니다. 코끼리가 추운 곳에서 지내기가 힘들어 작은 집에 들어오려고 합니다. 처음에는 조심스럽게 긴 코만 들여 놓습니다. "주인님, 밖은 많이 춥습

니다. 나는 코가 커서 남들보다 코가 더 시려워요. 코만 들어가게 해 주십시오." 주인은 집이 좁기는 해도 코 정도는 괜찮을 것이라고 생각하고 허락했습니다. 얼마 후, "주인님, 저는 귀도 남보다 커서 귀가 많이 시립니다. 귀 좀 넣게 해 주십시오." 주인은 귀 정도는 괜찮을 것이라고 생각하여 자리를 내어 주었습니다. 그런데 문제가 생겼습니다. 코끼리가 밀고 들어오는 것이었습니다.

"주인님, 미안합니다. 난 몸뚱이가 남보다 커서 몸이 많이 춥습니다. 좀 들어갈게요." 그리고는, "너무 좁은데 주인님은 밖으로 나가시죠. 그렇지 않으면 나한테 깔려 죽어요." 처음에는 일부만 허락한 것이 나중에는 주인이 결국 쫓겨난 이야기입니다.

죄는 우리 속에 이런 식의 유혹으로 조용히 한 발짝 한 발짝 들어오는 경우가 많습니다. 호기심에서 한번 시작한 담배가 골초를 만들고, 친구 따라 한 잔 두 잔 마시던 술이 술고래를 만들어냅니다. 심심풀이로 손을 댄 도박으로 재산을 탕진하기도 하고, 고통을 멈추려고 시작된 마약으로 인생이 망가집니다.

죄에 대해서는 처음부터 발도 들여놓지 못하게 하십시오. 이단 집단의 수법이 바로 그렇습니다. 정규 회원으로 등록하지 않아도 좋으니 한번 와 보라고 합니다. 믿지 않아도 좋으니 한번 들어보라는 식입니다. 다른 어떤 단체보다도 친절하고 따뜻하게 접근하여 사람들의 마음을 사로잡습니다. 그리고 처음에는 아주 소극적으로 접근하지만 어느 정도 시간이 지나면 총공세를 하게 됩니다. 그 정도가 되면 거기서 빠져 나오기가 어려워지는 것입니다.

불씨 하나, 한 잔과 한 모금에 주의하십시오.

4. 자주 범하게 되는 죄를 끊으십시오. 예수를 믿든지, 안 믿든지 각 사람에게는 남이 알지 못하는 죄들이 있습니다. 예수님을 믿고 죄가 무서운 줄 분명히 알기 때문에, 올바로 살아가려고 하는데, 끊지 못하는 부분이 있습니다. 어떤 사람은 담배를 끊고 6개월 만에 기념으로 한 대 다시 피웠다고 합니다. 어떤 사람은 술과 담배를 끊지 못해 혼자 자주 자책합니다. 욕하는 습관이 있거나, 심지어 남의 것을 습관적으로 훔치는 도벽을 가진 사람이 있는데, 예수를 믿은 후에도 가끔 그 행동을 반복합니다. 그것을 끊는다는 것이 무척 어렵습니다. 매년 새로운 결심을 하고, 여러 방법을 강구해보지만 여전히 끈질기게 붙어서 떨어지지 않습니다. 그것 때문에 신앙의 성숙이 없습니다.

그 죄를 놓고 하나님 앞에서 씨름해야 합니다. 야곱처럼 천사들과의 씨름 중에 뼈가 부러지는 것 같은 경험이 있어야 합니다. 그뿐 아니라 하나님의 선한 것으로 가득 채우십시오. 그리고 죄를 지을 만한 환경에 아예 처음부터 접근하지 마십시오. 범죄하기 좋은 상황을 만들지 마십시오.

호기심이 무서운 결과를 가져오기도 합니다. 많은 어린이들이 털이 부드럽고 귀여운 곰인형을 가지고 놀며 자랍니다. 몇 년 전 뉴욕에서 일어난 사건입니다. 곰인형을 좋아하던 두 아이가 부모를 따라서 뉴욕 브롱스(Bronx) 동물원에 갔다가 낮은 담을 넘어 북극곰 울타리에 들어갔습니다. 그 다음날 두 아이 모두 시체로 발견되었습니다. 북극곰은 애완용이 아닙니다. 호주에서 애완용으로 악어 알을 가져다가 키운 사람이 악어가 크게 자란 어느 날, 그 애완용 악어에게 팔이 물려 결국은 그 팔이 떨어져 나갔답니다. 악어를 키웠으니 안전할 수 없습니다. 늘 가까이서 어울려 지내던 '애완용' 같은 죄를 과감하게 끊으십시오. 그것 때문에 죽게 됩니다.

"모든 무거운 것과 얽매이기 쉬운 죄를 벗어 버리고 인내로써 우리 앞에 당한 경주를 경주하며" (히 12:1).

신앙은 장거리 경주와 같습니다. 더 빨리 달리려면 거추장스런 것들을 걸치지 않아야 합니다. 운동 선수들 중에 넥타이를 매고 경기하는 사람이 있습니까? 아무리 멋쟁이라도 넥타이를 매고 있는 사람은 경기장 밖에 있는 감독과 코치 밖에 없습니다. 선수들의 유니폼은 조금이라도 무게를 줄이고 땀을 잘 흡수하는 천으로 만들어서, 선수가 옷 입은 것을 느끼지 못할 정도라고 합니다. 마라톤 선수들의 복장은 더 하지 않겠습니까? 믿음의 경주를 하는 사람이라면 거추장스러운 것, 즉 많은 죄를 벗어버려야 하지 않을까요?

5. 예수님만을 바라보십시오. 승리자이신 예수님께 속해 있는 것은 대단히 중요합니다. 걸음마를 배우는 아기는 땅바닥을 보

지 않고 앞에서 손을 벌리고 있는 엄마의 눈만 바라보고 걷습니다. 푯대가 분명하면 몇 번을 넘어져도 언제가는 목표점에 도달할 수 있습니다. 자신의 환경과 주변을 바라보며 두리번거리지 말고 믿음의 주요, 온전케 하시는 주님을 바라보십시오.

높은 곳에 달린 밧줄을 타는 곡예사는 절대로 밑을 내려다보지 않고 앞만 봐야 합니다. 우리에게는 푯대가 있습니다. 예수 그리스도입니다. 유혹에 빠지지 말고, 범죄하지 말고, 예수님만을 바라보십시오.

"내가 주께 범죄치 아니하려 하여 주의 말씀을 내 마음에 두었나이다" (시 119:11).

성경 말씀을 자주 읽을 뿐만 아니라 말씀을 암송하여 마음에 담아 두면 범죄를 막는 데 큰 힘이 됩니다. 마음속에 있는 것이 겉으로 드러나게 되어 있습니다. 콜라가 가득한 병을 열면 콜라가 나오고, 치약을 짜면 치약이 나옵니다. 그 안에 그런 것이 가득 차 있기 때문입니다. 마음속에 한이 맺히고 억울한 것이 가득 한 사람은 불평과 원망이 나오게 되어 있습니다. 기쁨과 흥에 겨운 사람은 노래가 나오는 것입니다. 하나님의 거룩한 말씀이 마음에 가득한 사람은 입을 열 때마다 말씀이 나오게 되어 있습니다. 속일 수가 없습니다. 성경을 많이 묵상하고 암송하십시오.

예수님의 십자가를 믿을 때 거기서 자신의 옛 사람이 죽었음을 기억해야 합니다. 사도 바울의 고백처럼 이제는 내가 사는 것이 아니라 내 안에 예수님이 사신다고 외치십시오. 사단이 유혹하는 음성이 들리면 마음속에서 이렇게 외치십시오! "사단아 물러가라! 내 마음 안에는 주님이 계시며, 주님만이 나의 주인이시다!"

종교 개혁가 마틴 루터는 유혹이 마음 문을 두드리면 자신이 대답하지 않고, 예수님께서 대신 맞서시도록 했습니다. 우리가 싸우려고 덤비지 않아도 됩니다. 불완전한 우리의 삶을 스스로 주장하려 하지 말고, 주님께서 일마다 때마다 주장하시도록 하십시오. 주님은 인생의 삶을 완벽하게 인도하실 분입니다.

이스라엘의 사울 왕과 웃시야 왕은 하나님의 도우심으로 나라가 평안하고 강건해지자 교만하게 됩니다. 그들은 어려울 때 하나님을 의지했지만, 나라가 풍요롭고 강성해지자, 하나님에게서 멀어집니다. 무명일 때보다 인기있을 때가 위험합니다. 사업이 어려울 때보다 잘 될 때가 위험합니다. 모두 자신의 힘으로 그렇게 된 줄로 착각하고 거만한 마음을 가지기 때문입니다. 결국 왕의 자리를 빼앗긴 그들은 인생의 마지막이 비참했습니다. 돈과 명예, 교만의 유혹에 걸려 넘어진 것입니다.

다윗 왕은 겸손하였고 하나님을 두려워하였습니다. 그런데 성적인 유혹에 걸리고 말았습니다. 방심한 결과로 돌이킬 수 없는 간음과 살인이라는 죄를 짓습니다. 가룟 유다는 돈 몇 푼에 예수님을 배신하였습니다. 그는 돈의 유혹에 진 사람입니다. 그러나 구약에 나오는 청년 요셉은 애굽에 종으로 팔려 가 하늘과 땅 아래 혼자뿐이었습니다. 보디발 장군의 집에서 종이 되어 일하던 그에게 유혹이 다가옵니다. 보디발의 아내가 원하는 대로 해준다면 더 편하고 여유 있는 생활을 누리게 될 지도 모릅니다. 그러나 요셉은 하나님을 두려워할 줄 알았습니다. 하나님 앞에 죄를 지으면 용서받을 길이 없기 때문이었습니다. 그는 자신을 집요하게 옭아매는 성적인 유혹 앞에서 이를 악물고 도망하여 누명을 쓰고 감옥에 갇히기도 했습니다. 그러나 요셉은 하나님을 원망하지 않았습니다. 그는 밑바닥까지 떨어졌지만, 하나님은 결국 그를 다시 높은 자리로 회복시키셨습니다.

무엇을 보고 듣는가? 이 문제가 우리의 삶의 방향을 정하도록 만듭니다. 눈만 뜨면 TV가 하루 종일 무엇이라고 떠들어댑니다. 아이들은 하루 종일 귀에서 이어폰을 빼지 않습니다. 인터넷은 어떻습니까! 보고 듣는 것들이 우리를 끊임없이 유혹하고 공격합니다. 쓸데없는 것들이 틈타서 스며들지 못하게 하십시오.
하루를 시작할 때 주님을 생각하며 시작하고, 하루 종일 무엇을 하든지 주를 위한다는 마음을 가지십시오. 하루를 마칠 때는 하루 동안 주님을 위해서 무엇을 했는지 점검해보십시오.

누구보다도 무서운 유혹을 이기신 분은 예수님이십니다. 공생애를 시작하시기 전, 예수님은 세 가지 유혹에서 동일하게 구약의 말씀을 인용하심으로 사단을 물리치셨습니다.

예수님께서 원하시기만 하면 돌이라도 떡으로 만드실 수 있습니다. 그러나 예수님은 "사람이 떡으로만 살 것이 아니요 여호와의 입에서 나오는 모든 말씀으로 살 것이라"(신 8:3)는 말씀으로 승리하셨습니다. 사단이 성전 꼭대기로 예수님을 끌고 가서 뛰어 내리라고 유혹할 때 주님은 "주 너의 하나님을 시험하지 말라"(신 6:16)는 말씀으로 물리치셨습니다. 천하 만국을 보이며 자기에게 절하라고 유혹할 때 예수님은 "사단아 물러가라 기록되었으되 주 너의 하나님께 경배하고 다만 그를 섬기라 하였느니라"(신 6:13)는 말씀을 인용하여 사단을 완전히 쫓아 버리셨습니다.

예수님 안에는 말씀이 가득 차 있었습니다. 왜 성경을 암송하고 읽으라고 할까요? 누구를 위해서 그렇습니까? 죄를 이기기 위함입니다.

유혹은 전에도 있었고, 지금도 있으며, 앞으로도 없어지지 않을 것입니다. 유혹에 잘 대비하고 그것을 이길 수 있도록 영적인 힘을 키우십시오.

믿음이 제대로 성장하면 강해집니다. 그리고 눈빛이 밝아지고 빛이 납니다. 분별력이 생깁니다. 이길 수 있습니다.

하나님만을 바라보면 되는 것입니다.

9

어떻게 고난을 극복할까?

우리 모두에게는 고난이 오기 마련입니다.
아담과 하와가 에덴에서 범죄한 이후, 인류에게는
그 죄에 따른 고통과 아픔이 그치지 않았습니다.

고난이 오는 것은 피할 수 없습니다.
문제는 고난이 있느냐 없느냐가 아니라,
그 고난에 어떻게 대처하고 반응하는가 라는
우리의 자세에 있습니다.

| 믿음 · 성경 · 기도 · 예배 · 전도 · 헌금 · 봉사 · 유혹 · **고난** · 인도하심 |

베드로전서 4장 16절
"만일 그리스도인으로 고난을 받은즉 부끄러워 말고
도리어 그 이름으로 하나님께 영광을 돌리라."

　　　　　　　　이 세상에는 어쩔 수 없는
고난과 고통으로 어려움에 처한 사람들이 있습니다. 행복한 가정
에 갑작스런 질병이 침투하여 가정을 풍비박산시키는가 하면, 삼
대 또는 사대 독자가 교통 사고로 죽기도 합니다. 9·11 테러나 전
쟁, 쓰나미, 지진, 해일 같은 재해로 한꺼번에 온 가족을 잃게 되는
아픔을 겪기도 합니다.

　우리 모두에게는 어려움, 즉 고난이 오기 마련입니다. 아담과 하
와가 에덴에서 범죄한 이후로 인류에게는 그 죄에 따른 고통과 아
픔이 그치지 않았습니다. 종류와 정도가 다르지만 여러 가지 고난
이 오는 것을 피할 수 없습니다. 그렇기 때문에 문제는 고난이 있

느냐 없느냐가 아니라 그 고난에 대하여 대처하고 반응하는 우리의 자세입니다. 우리의 자세에 따라 인생이 크게 좌우되는 것입니다.

고난의 이유

2002년, 미국 뉴욕에서 일어났던 9·11사건을 겪은 많은 사람들은 마음속에 "왜 이런 고통스런 일이 벌어지는가?" 라는 질문을 했습니다. 전능하시고 모든 것을 다 아시는 하나님이라면 그런 사건을 미리 막으실 수 있지 않았을까요? 우리에게 고통을 주는 고난이 생길 때마다 많은 사람들이 질문합니다. "그런 일이 일어날 때 하나님은 어디 계셨는가? 사랑의 하나님이 정말 계시다면 그런 사건이 발생하지 않았을 거야. 하나님이 무능하신가? 아니면 우리에게 무관심하신 것인가? 그것도 아니라면 방관하시는 것일까?"

어떤 사람이 사고를 당한 후에 똑같은 질문을 했습니다. "왜 내가?"(Why me?) 왜 자신만 그런 슬픈 일을 당해야 하는지를 하나님께 물은 것입니다. 그때, 한 전도자가 이렇게 대답했습니다. "왜 나는 아닌가?"(Why not me?)

신문에 실리는 그 많은 사고들을 접하면서 왜 나만 그런 사고를 당하지 않아야 하는가도 물으라는 것입니다. 누구에게나 고난은 있으며, 없을 때에는 감사할 따름입니다.

하나님의 형상으로 창조된 인간은 태엽을 따라 움직이는 인형이나 조작에 의해 정확하게 반응하는 컴퓨터가 아닙니다. 하나님은 우리가 하나님을 일방적으로 평생 사랑하도록 작동해 놓고 다른 것을 하지 못하도록 만드시지 않았습니다. '하나님의 형상'으로 창조되었다는 말 속에는 선택할 수 있는 기능도 주신 것입니다. 우리 속에는 하나님의 속성과 같은 '자유 의지'가 있다는 것을 기억하십시오. 선과 악 앞에서 선택의 자유가 있으며 그 결과를 책임져야 합니다. 고난이 오는 이유는 여러가지입니다.

1. 우리의 잘못으로 고난이 옵니다.

아담과 하와에게 고통이 온 것은 그들이 하나님의 말씀에 불순종하고 사단의 말에 귀를 기울인 결과입니다. 하나님은 자신의 피조물이 고난 당하는 것을 보면서 즐기시는 분이 아닙니다. 모든 고난에서 건져 주시려는 마음으로 우리를 대하십니다. 하나님의 말씀에 순종함으로 안전하고 풍성한 삶을 살 수 있는 길이 마련되어 있었지만, 의지적으로 불순종을 선택하여 범죄한 것입니다. 그리고 범죄의 결과로 고통과 수치와 죽음이 온 것입니다.

지금도 우리들의 잘못 때문에 오는 고통이 많습니다. 사람들은 자신이 잘못을 저지르고 하나님을 원망합니다. 왜 끔찍한 교통 사고가 일어날까요? 왜 그런 사고를 막지 않으셨느냐고 하나님을 원망하겠습니까? 그것은 결코 하나님이 시키신 일이 아닙니다. 그건 운전사의 운전이 서툴거나, 과속하거나, 졸거나 아니면 부주의 때문에 생기는 당연한 결과입니다. 뜨거운 국그릇을 맨 손으로 잡다가 상처를 입게 되었을 때, 그것은 누구의 잘못입니까?

"사람이 미련하므로 자기 길을 굽게 하고 마음으로 여호와를 원망하느니라" (잠 19:3).

자신의 잘못으로 고난이 올 때는 다른 사람이나 하나님을 원망하지 말고, 다만 하나님께 잘못을 자백하십시오. 먼 산을 보고 길을 걷다가 넘어진 사람이 하늘을 향해 손가락질을 하면서 "왜 나를 넘어뜨립니까?"라고 말하는 것은 어리석은 일입니다. 어려운 일을 당했을 때, 다만 하나님의 도우심을 구하는 것이 지혜롭습니다. 그리고 하나님의 치료를 간구하십시오. 하나님은 우리가 매맞을 짓을 하는 것을 다 아시면서도 긍휼을 베푸십니다.

2. 하나님께서 허용하신 고난이 있습니다.

다니엘은 바벨론에 잡혀가 믿음을 지키다가 역적으로 몰려 사자굴에 갇혔습니다. 왜 하나님은 다니엘이 외국에 끌려가는 것과 사자굴에 던져지는 것을 막지 않으셨을까요? 하나님이 계시지 않거나 하나님이 무능하시기 때문입니까?

하나님은 다니엘이 사자굴에 던져지도록 허용하셨습니다. 그런데 하나님은 사자들의 입을 막으셨고, 그 일로 다니엘은 더 크게 쓰임받았습니다. 요셉이 애굽에 노예로 끌려가 고통을 당하는 것을 하나님은 왜 막지 않으셨을까요? 그가 무슨 악행을 저질렀습니까? 그러나 그의 고난도 허용된 것이었습니다. 요셉은 고난의 밑바닥까지 내려간 후에 하나님의 은혜로 다시 일어났으며, 결국 애굽의 총리 대신이 되었습니다. 그 과정을 자세히 살펴보십시오. 때마다 하나님은 요셉과 함께 계셨습니다.

아이가 놀이터의 철봉대에서 놀다가 떨어져 눈가가 찢어졌습니다. 급히 병원에 데려 가니, 의사는 마취도 하지 않고 그대로 찢어진 곳을 꿰매는 것이었습니다. 수술하는 동안 고통을 줄이려고 국부 마취를 하면, 수술 후에 더 아플 뿐 아니라 위험하기 때문에 의사는 마취를 하지 않았습니다. 아이가 그 의사의 마음을 이해할 수 있을까요? 그러나 그것은 아이를 위한 판단이었습니다.

무엇보다도 예수님이 십자가에서 고난을 받으신 것은 하나님께서 허용하신 고난이었습니다. 예수님을 부인하는 사람들은 이렇게 말했습니다. "당신이 정말 메시아라면 뛰어내려 오든지, 옆 사람을 살리든지 무슨 대책을 세우시오. 하나님의 아들이 이렇게 무능합니까?" 그러나 예수님은 끝까지 침묵하시고 온갖 모욕과 조롱을 받으셨습니다. 그것은 우리의 구원을 이루시기 위해서 하나님께서 독생자 예수님의 고난을 허락하셨기 때문입니다. 그가 찔리고 상함으로, 채찍을 맞음으로, 그가 피를 흘림으로 우리가 나음을 입었습니다. 이 모든 고난은 하나님께서 허용하신 은혜의 고난이었습니다.

"여호와의 말씀에 내 생각은 너희 생각과 다르며 내 길은 너희 길과 달라서 하늘이 땅보다 높음같이 내 길은 너희 길보다 높으며 내 생각은 너희 생각보다 높으니라" (사 55:8-9).

3. 죄에 대한 징벌로써 오는 고난이 있습니다.

거액의 뇌물을 받은 사람이 경찰에 붙잡혀 결국 감옥에 들어갔습니다. 그 고난은 자기 죄 때문에 당연히 받아야 하는 대가입니다. 술을 많이 마셔서 뇌출혈로 병원에서 오래 고생한 사람이 있습니다. 그의 가족들이 낫기를 기도했지만 한동안 많은 고생을 했습니다. 그 고난에 대해서 누구를 탓하겠습니까? 니코틴 중독으로 폐암에 걸린 사람이 담배 회사를 원망할 수 있습니까?

"너희 중에 누구든지 살인이나 도적질이나 악행이나 남의 일을 간섭하는 자로 고난을 받지 말려니와" (벧전 4:15).

"죄가 있어 매를 맞고 참으면 무슨 칭찬이 있으리요" (벧전 2:20).

나쁜 짓을 하다가 들켜서 고난을 받는 것은 어쩔 수 없이 겪어야 하는 과정입니다. 그럼에도 불구하고 예수님 앞에 나아와 죄를 회개하고 마음을 새롭게 하면 그 고난의 기간이 감소되거나 지나가기도 합니다.

아모스서에서 아모스가 다섯 가지 환상을 보는데, 이스라엘 백성이 멸망한다는 내용이었습니다. 그때 아모스가 땅에 엎드려 이 백성을 용서해 달라고 간절히 기도합니다. 하나님께서 그 기도를 들으시고 재앙을 중지시키셨습니다.

광야에서 불순종한 이스라엘 백성에게 하나님께서 재앙을 내리시려는 찰나, 모세가 땅에 엎드려 간절히 기도하자, 재앙이 지나갔습니다. 죄에 대한 벌로 고난을 당하게 되면 어떻게 할까요?

즉시 죄를 자복하고 용서를 구하십시오. 그리고 재앙과 형벌이 속히 지나가도록 간구하십시오.

4. 하나님의 뜻대로 받는 고난이 있습니다.

"그러므로 하나님의 뜻대로 고난을 받는 자들은 또한 선을 행하는 가운데 그 영혼을 미쁘신 조물주께 부탁할지어다" (벧전 4:19).

어느 장군에게 아들이 있었습니다. 아들은 자신도 아버지처럼 장군이 되겠다는 꿈을 가졌습니다. 아버지는 아들이 군에 입대하자, 편지를 써 주면서 감독관에게 보여 주라고 했습니다. 아들은 아버지의 든든한 지원으로 근무하기에 편한 곳으로 가지 않을까 은근히 기대했습니다. 그래서 힘겨운 훈련소 생활도 잘 견뎌냈습니다. 드디어 부대를 배치하는 날, 아들이 가게 된 곳은 뜻밖에도 최전방이었습니다. 가장 훈련이 심하고 잠시도 긴장을 풀 수 없는 부대였습니다. 그곳은 육군의 맨 밑바닥이었습니다. 알고 보니 장군은 아들을 진짜 군인으로 만들기 위해 의도적으로 훈련이 심하고 어려움이 많은 부대에 배치되도록 부탁한 것입니다. 그 아들이 받게 되는 고난은 지혜로운 아버지의 계획이었습니다.

아브라함은 독자 이삭을 모리아 산에 제물로 바치러 가던 사흘 동안 깊은 고통에 빠졌습니다. 그러나 아브라함이 겪은 고난은 아브라함이 무엇을 잘못해서 당하는 것이라기보다, 하나님께서 아브라함을 믿음의 조상으로 세우시려고 그의 뜻대로 시험하신 것이라고 성경은 밝히 말합니다. 우리를 다루시는 하나님의 주권을 신뢰하십시오. 당장은 어렵고 "왜 나만 이런 힘든 과정을 거쳐야 하는가?"라고 질문할지 모르나, 시간이 지난 후에 하나님의 깊은 뜻을 깨닫게 될 것입니다. 탈무드에 자식을 사랑한다면 거칠게 키우라는 말이 있습니다. 온실에서 자란 식물은 약하기 때문입니다.

5. 이유를 알 수 없는 애매한 고난도 있습니다.

그리스도인으로 살면서 이유를 분명히 알 수 없는 어려움을 종종 겪을 때도 있습니다. 내가 잘못했기 때문이라면 마음속으로 어쩔 수 없다고 생각하고, 하나님의 뜻이라면 참지만, 무슨 이유가 있으면 좋겠는데 아무런 이유도 찾지 못할 때가 있습니다. 아무리 생각해 봐도 잘못된 것이 없는데 어려움이 그치지 않는 것입니다. 일마다 때마다 엉키고, 넘어지고, 깨어지는 이유를 알 수가 없어서 답답하고 고통스럽습니다. 성경은 사도 베드로를 통해서 권고합니다.

"애매히 고난을 받아도 하나님을 생각함으로 슬픔을 참으면 이는 아름다우나"(벧전 2:19).

기도하고 구해도 아무런 답변도 얻지 못할 때가 있습니다. 다른 사람들은 다 평안한데 자신만 고난을 당한다는 생각에 절망하기도 합니다. 범죄한 인생이 살아가는 동안 여러 가지 환난을 피할 수가 없습니다. 사실 환난과 어려움이 없기를 기대하는 것이 잘못된 생각일 수 있습니다.

"인생은 고난을 위하여 났나니 불티가 위로 날음같으니라"(욥 5:7).

흙집과 장막에 사는 것이 우리의 인생인데 어찌 강한 바람에 흔들리지 않고, 궂은 비에 젖지 않겠습니까? 이유를 알 수 없는 고난이 닥치면, 더 심한 고난을 받으신 주 예수님을 생각하면서 인내하십시오. 이유를 알아도 참고 이유를 몰라도 참는 것이 고난을 극복하는 하나의 좋은 방법입니다.

고난에 대한 여러가지 오해

무슨 일이 생기면 다 하나님이 하셨다고 말하는 것을 조심하십시오. 자신의 게으름 때문에 공부하지 않아 시험에 불합격했으면서, "하나님의 뜻이다"라고 말하는 것은 어리석은 것입니다. 자신의 잘못과 부족함으로 일을 그르친 후에 하나님을 원망하는 것은, 마치 아이가 넘어진 뒤에 앞에 가던 엄마를 붙잡고 화를 내는 것과 같습니다.

어떤 고난은 하나님의 특별한 이유로 겪어야 하는 경우가 있지만, 사사건건 하나님을 들먹이는 것은 다분히 자신의 잘못을 인정하지 않으려는 이기심입니다. 자신의 잘못으로 인해 당하는 고난이라면 그것을 인정하고, 하나님의 긍휼을 구해야 합니다.

1. "무슨 죄가 있을 것이다."

욥은 어느 날, 무서운 재난과 고통을 받게 되었습니다. 그것은 하나님께서 허용하신 일종의 어려운 시험이었습니다. 그런데 고통하는 욥을 위로하려고 왔던 친구들이 그에게 어떻게 말했습니까? "생각하여 보라 죄없이 망한 자가 누구인가 정직한 자의 끊어짐이 어디 있는가 내가 보건대 악을 밭갈고 독을 뿌리는 자는 그대로 거두나니 다 하나님의 입기운에 멸망하고 그 콧김에 사라지느니라"(욥 4:7-9).

무엇인가 악한 것을 심었기 때문에, 그것을 거두는 것이 틀림없다는 논리입니다. 다른 친구는 "하나님은 순전한 사람을 버리지 아니하시고 악한 자를 붙들어 주지 아니하신즉"(욥 8:20)이라고 했습니다. 세 번째 친구의 말도 비슷합니다. "불의한 자의 집이 이러하고 하나님을 알지 못하는 자의 처소도 그러하니라"(욥 18:21).

그들은 상당히 일리가 있는 주장을 했지만, 욥의 가슴을 더 아프게 했습니다.

죄에서만 고통의 원인을 찾는 것은 옳지 않습니다. 병원에 입원한 친구나 교인들에게 심방을 갈 때가 있습니다. 어떤 사람은 병원에 가서 기도가 끝나자마자 "너, 죄를 지은 것이 있으면 똑바로 이야기해. 하나님이 죄 없는 사람 치시는 것 봤니?" 이렇게 다그칩니다. 그러면 환자가 병이 나으려다가 오히려 더 악화되지 않을까요? 특히 환자 앞에서는 사소한 말이라도 주의해야 합니다.

태어날 때부터 소경이었던 사람을 보자 예수님의 제자들은 그 사람의 소경된 것이 누구의 죄 때문이냐고 질문했습니다. 그 당시 유대 사람들은 무슨 문제가 생기면 그게 누구 잘못 때문인지를 물었습니다. 그때 예수님은, "이 사람이나 그 부모가 죄를 범한 것이 아니라 그에게서 하나님의 하시는 일을 나타내고자 하심이니라"(요 9:3) 라고 말씀하셨습니다.

사고나 질병으로 고통하는 이들에게 무슨 죄를 지었다고, 잘못을 저질렀다고 함부로 이야기한다면 얼마나 큰 상처가 될까요! 성경을 통해서 분명하고 시원한 대답을 할 수 없을 때는 그들을 위해서 기도하고 격려해 주는 것이 좋습니다.

2. "모두 사단의 짓이다."

이것 또한 위험한 생각입니다. 미신을 믿는 사람들은 어느 지역에서 교통사고가 나면 그곳에 있는 귀신을 달래기 위해 사고 지점에서 고사를 지냅니다. 그런데 교회에서도 질병이나 사고를 당하면 마치 다 사단의 짓인 양, 특별 기도를 하거나 안수 기도를 받기도 하는데 이런 생각은 건전하지 못합니다. 한국 교회에는 비성경적인 '귀신론' 문제가 아직도 시끄럽습니다.

병에 걸리면 전부 귀신 탓으로 여기는 것입니다. 암 귀신, 디스크 귀신, 결핵 귀신 등 그 병에 걸린 사람이 죽으면 그 질병 귀신이 공중에 떠다니다가 또 다른 사람에게 붙는다는 식의 주장입니다. 그래서 모든 질병이 귀신이 하는 짓이라고 생각하여 독감 귀신, 재채기 귀신, 심지어 딸꾹질 귀신이 있다고 주장하는 교단이 있습니다. 어처구니가 없습니다.

고난을 극복하려면…
1. "먼저 하나님의 도우심을 구하십시오."

아이가 친구들과 다투다가 지게 되면 아빠를 부릅니다. 도움을 청하는 것이죠. 고난 중에 가장 먼저 해야 할 것은 기도하며 하나님의 도움을 청하는 것입니다. 어려움이 오면 놀라거나 당황하지 마십시오. 믿음의 선배들도 숱한 고난을 겪었습니다. 혼자가 아닙니다.

"사랑하는 자들아 너희를 시련하려고 오는 불시험을 이상한 일 당하는 것같이 이상히 여기지 말고 오직 너희가 그리스도의 고난에 참여하는 것으로 즐거워하라 이는 그의 영광을 나타내실 때에 너희로 즐거워하고 기뻐하게 하려 함이라" (벧전 4:12-13).

갑자기 어려움이 닥칠 때, 제일 먼저 할 일은 기도입니다. 그것은 하나님과 직접 통하는 전화선과 같습니다. 한 번도 통화중이거나 고장난 적이 없는 생명선입니다.

"너희 중에 고난당하는 자가 있느냐 저는 기도할 것이요" (약 5:13).

예수 믿는 사람들의 무기는 돈이나 힘이 아닙니다. 원래 우리의 싸움은 혈과 육에 속한 싸움이 아닙니다. 그리스도인에게 가장 놀라운 영적 무기는 하나님 앞에 엎드리는 것입니다.

"때를 따라 돕는 은혜를 얻기 위하여 은혜의 보좌 앞에 담대히 나아갈 것이니라" (히 4:16).

기도하는 자에게는 멀리 보는 눈을 주시기 때문에 전에는 안 보이던 해결의 방법을 발견하게 됩니다. 하나님의 은혜의 보좌 앞에 나아가면 문제가 해결됩니다. 혼자서는 도저히 감당 못할 일들이라도 주님은 해결하실 수 있습니다.

2. "피할 길을 찾게 하시거나 피할 길이 없는 경우에는 이기게 하십니다."

"사람이 감당할 시험 밖에는 너희에게 당한 것이 없나니 오직 하나님은 미쁘사 너희가 감당치 못할 시험 당함을 허락지 아니하시고 시험 당할 즈음에 또한 피할 길을 내사 너희로 능히 감당하게 하시느니라" (고전 10:13).

여기서 말하는 시험은 일종의 유혹이거나 또는 감당하기 어려운 시련을 의미합니다. 이런 시험이 전혀 없는 사람은 없습니다.
이 세상에서 아무런 걱정이나 갈등도 없는 곳은 공동 묘지 밖에 없습니다. 그 외에는 모두 문제를 가지고 삽니다.
그런데 하나님의 자녀들이 당하는 시험은 주님의 도우심으로 넉넉히 이길 수 있거나, 혹은 감당키 어려운 경우에 하나님께서 피할 길을 내십니다. 이 피할 길은 두 가지 경우에서 잘 보입니다.
무릎을 꿇어서 낮아질 때와 눈에 눈물이 맺히면 그 반사로 잘 보입니다. 많이 힘들 때 무릎을 꿇고 통곡해보십시오.

어떻게 하나님께서 비상구를 주시는지를 경험해보십시오.

어릴 적, 동네 뒷산에 자주 올라갔습니다. 어느 날 친구들과 칡을 캐기 위해서 상당히 높은 데까지 올라갔는데 갑자기 날씨가 바뀌는 것이었습니다. 사방이 어두워지더니 비가 부슬부슬 내리기 시작하면서 안개가 끼었습니다. 길이 잘 보이지 않아 겁이 났습니다. 그때 할머니께서 하신 말씀이 떠올랐습니다.

산에서 길을 잃어버리면 시냇물이 흐르는 곳으로 내려가든지 아니면 높은 산꼭대기로 올라 가면 길이 보인다는 것입니다. 저는 무조건 산 위쪽으로 올라갔습니다. 한참을 올라가다 보니 거의 산 정상에 가까워졌고, 산 아래의 길이 보였습니다. 그제서야 안도의 한숨이 나왔습니다. 신앙의 밑바닥에서 허우적거리지 말고 위를 보십시오.

3. "인내하면서 통과하십시오."

어떤 시련과 고난은 어쩔 수 없이 참고 견뎌야만 합니다. 나라 경제가 파산 상태에 이르러 살림살이가 궁핍해졌다면 어쩔 수 없이 함께 견뎌야 할 일입니다. 한국이 'IMF'라는 경제 위기 상황을 맞아 많은 사람이 실직하고 빈손으로 거리에 나서기도 했습니다. 그것은 한 개인의 잘못도 아니고 사회 전반에 나타난 것이므로 절망하지 말고 이겨내야 합니다. 암을 치료받기 위해서 화학요법을 받는 이는 고통스러워도 잘 견뎌야 합니다.

그 어둡고 힘든 터널을 믿음으로 기도하면서 통과하면 질병에서 자유로워지는 기쁨을 누리게 될 것입니다. 건강을 유지하려고 땀 흘리며 걷고 달리고 운동합니다. 허약한 몸을 보신하려고 쓰디쓴 한약을 먹습니다. 모두 견디고 지나가면 감사할 일들입니다. 고난이 왔다고 엄살부리지 말고 의연하게 버텨 내십시오.

4. "적절한 도움을 구하십시오."

갑자기 몸이 많이 아픕니다. 믿음이 좋은 사람은 병원에 안 가고 기도원으로 가고, 믿음이 없는 사람은 병원으로 갑니까? 어느 것이 맞는 답일까요? 믿음이 있으니 약을 거부해도 됩니까? 약사와 의사도 하나님이 만드신 사람입니다. 좋은 의사를 찾아가십시오.

질병은 의사의 도움을 받는 것이 중요합니다. 현대 의학의 도움을 거절하고 그저 기도만 하는 것이 바른 신앙은 아닙니다.

공부하는 문제라면 유능한 교수의 조언을 받는 것이 필요하고, 법적인 고통이 있으면 그런 분야에 전문 지식을 가진 사람의 도움을 받는 것이 좋습니다. 법과 지식이 없어서 고생할 필요는 없습니다. 신앙적인 문제가 있으면 목사와 상담하고 기도의 지원을 받으십시오. 고난을 혼자 짊어지지 말고, 지혜로운 도움을 받으십시오.

5. "소망을 가지십시오."

두 명의 암 전문의가 같은 질병을 가진 두 명의 암환자에게 같은 종류의 치료약을, 같은 분량으로, 같은 기간 투약하며 치료했는데, 한 사람의 경우는 치료 효과가 22%에 불과했고, 다른 경우는 치료 효과가 74%나 되었습니다. "자네는 나와 치료법이 똑같은데 어째서 자네 환자의 치료 효과는 나보다 세 배 이상 높은가?" 그러자 다른 의사가 대답했습니다. "난 한 가지 요법을 더 썼네. 그건 희망 요법이라는 것이지. 환자로 하여금 완쾌될 수 있다는 소망을 가지게 하면 치료 효과가 크게 달라진다네."

세상에는 헛된 소망이 있습니다. 위대한 정치가가 되는 것, 이것을 자신의 소망으로 가질 수 있습니다. 그러면 정치가가 된 후에는 또 무슨 소망이 생깁니까? 위대한 과학자가 되는 것, 좋은 것입니다. 그렇지만 위대한 과학자가 된 후에는 소망이 없어지는 것 아닙니까? 그런 것은 궁극적인 소망이라고 할 수 없습니다. 마지막을 향해 가는 하나의 과정일 뿐입니다. 훌륭한 예술가나 과학자나 지도자가 되어도 죽으면 다 허사입니다. 죽음 너머를 바라보십시오.

예수님의 부활이 우리에게 결코 무너지지 않는 산 소망의 기초가 됩니다. 예수님께서 부활하신 후, 그를 믿는 자들도 다시 살 것이라고 성경에서 약속하고 있습니다. 그래서 그리스도인에게 있어서는 죽음조차도 절망이 아닙니다. 그 너머에 더욱 놀라운 영생의 길이 있습니다. 이것은 성경이 약속하고 있는 진리입니다.

천국과 영생을 가설이라고 생각하지 마십시오. 그것은 변하지 않는 진리입니다.

오늘은 궂은 비가 쏟아져도 시커먼 구름 너머로 한 가닥 햇살을 바라보십시오. 비가 오는 날에는 태양이 없다고 생각하는 사람들이 있습니다. 태양은 여전히 있습니다. 잠시 구름에 가려진 것 뿐입니다. 검은 구름 너머에 있는 빛을 보는 것, 그것이 믿음이고 소망입니다.

그리스도인에게는 결코 절망이 없습니다. 산 소망을 주신 것을 감사하십시오.

고난 속의 유익

고난을 받으면 짓눌리고, 깨지고, 자신을 못살게 굴어서 죽어 가는 사람도 가끔 있지만, 믿음이 있는 사람에게 고난은 약이 됩니다.

첫째, 고난은 정신을 차리도록 깨우치고 근신하게 합니다.

왜 나병이 다른 병에 비해서 더 무섭습니까? 무엇보다도 나병에 걸리면 감각이 무뎌지다가 아예 감각을 잃어버리기 때문입니다. 뜨거운 것을 만져도 뜨겁지 않고, 피가 나도 아프지 않습니다.

아픔을 느낄 수 있다는 것 자체가 복이 됩니다.

고난이 오면 우리는 비로소 자신을 돌아보게 됩니다. 만사가 자기 마음대로 될 줄로 착각하고 교만하다가, 갑작스럽게 고난이 닥치면 그제서야 연약한 자신을 바라봅니다.

"공돈은 거저 나간다"는 말이 맞습니다. 노력하지 않고 생긴 돈은 다 빠져 나갑니다. 어느 가난한 청년이 도박으로 상당한 액수의 돈을 땄습니다. 돈을 벌면 좋은 곳에 쓰겠다고 생각했지만, 막상 돈이 들어오니 어쩔 줄 모르고 낭비하고 말았습니다. 그런데 그는 이전보다 훨씬 더 많은 돈을 허비했다는 것입니다.

돈이 귀한 줄 모르게 되니 물처럼 쓰게 되었다고 합니다. 그러나 수고하여 번 돈은 그렇게 쓰지 않습니다.

고난이 와야 무릎 꿇고 기도하게 됩니다. 고난은 우리의 삶을 깨워 주는 자명종과 같습니다.

둘째, 고난으로 강하고 온전하게 됩니다.

어떤 사람이 친구의 오렌지 밭을 거닐고 있었습니다. 그 해는 비가 오지 않아서 많은 오렌지가 바싹 마르고 거의 죽어갔지만, 그 친구 밭에 있는 오렌지 나무는 열매가 풍성했습니다. 이 사람이 친구에게 비결을 물었습니다. 그러자 친구는 오렌지 나무가 조금 어렸을 때 일부러 말라 죽지 않을 만큼만 물을 주었더니 뿌리가 물을 찾아 땅속 깊이 퍼졌다는 것입니다. 그래서 상당히 자란 후에는 가뭄이 와도 깊은 곳에서 물기를 빨아 올리므로 싱싱하게 자란다는 것입니다. 고난이 나무를 강하게 한 것입니다.

무서운 고난의 터널을 통과한 욥은 고난의 의미를 이렇게 말합니다.

"나의 가는 길을 오직 그가 아시나니 그가 나를 단련하신 후에는 내가 정금같이 나오리라" (욥 23:10).

불순물이 많이 섞인 금을 어떻게 순금으로 만듭니까? 불에 넣고 여러 번 제련을 합니다. 예수님 당시에는 흙그릇에 넣고 밑에 불을 땝니다. 한 두 번 끓게 되면 찌꺼기가 다 떠오릅니다. 그것을 건져 낸 후에 다시 끓입니다. 같은 작업을 일곱 번까지 하면 결국 모든 불순물이 빠지고 얼굴이 비칠 정도로 거울같이 맑은 순금이 된다고 합니다. 여러 번 불에 통과하게 하니까 아주 미세한 티끌까지 걸러져 순수한 금만 남는 것입니다.

고난이 없는 것이 기쁨이라고 생각하지 마십시오. 고난이라는 불을 통과하면서 우리의 나쁜 습관과 불신과 교만이 말끔히 정화됩니다. 그래서 마침내 주님 앞에서 칭찬과 영광과 존귀를 얻게 될 것입니다.

"너희 믿음의 시련이 불로 연단하여도 없어질 금보다 더 귀하여 예수 그리스도의 나타나실 때에 칭찬과 영광과 존귀를 얻게 하려 함이라" (벧전 1:7).

강한 군인은 따뜻한 실내에서 만들어지는 것이 아닙니다. 비바람 치는 거친 산과 들판의 훈련장에서 만들어집니다. 고난은 우리를 강하게 하고 온전하게 해 줍니다.

"우리가 환난 중에도 즐거워하나니 이는 환난은 인내를, 인내는 연단을, 연단은 소망을 이루는 줄 앎이로다" (롬 5:3-4).

고난을 통해 불같은 성격이 다듬어져 인내를 배우며 인격이 단련됩니다. 그래서 고난을 '가장된 축복'이라고 말하기도 합니다.

셋째, 고난을 통해 하나님께 순종하는 것을 배웁니다.

경제가 악화되면서 어떤 사람이 직장을 잃었습니다. 살던 집도 빼앗겼는데, 그 충격으로 아내가 세상을 떠났습니다. 이제는 더 잃어버릴 것도 없었습니다. 그가 어느 날 교회 옆을 지나는데 한 석공이 커다란 돌을 망치로 때려서 작게 만들고 있었습니다.

"무슨 일을 하는데 좋은 돌을 그렇게 작게 만듭니까?" 일꾼은 교회 꼭대기를 가리키면서 말했습니다. "저기 보이는 작은 틈에 맞게 잘라내는 것이죠." 그 순간 주님께서 그에게 말씀하셨습니다.

"내가 하나님의 나라에 꼭 맞게 하려고 너를 깎고 있는 것이란다."

고난은 우리의 모난 곳을 깎아내기도 하고, 비뚤어진 것을 고쳐주기도 합니다.

"고난 당하기 전에는 내가 그릇 행하였더니 이제는 주의 말씀을 지키나이다 고난 당한 것이 내게 유익이라 이로 인하여 내가 주의 율례를 배우게 되었나이다" (시 119:67, 71).

넷째, 고난은 더 큰 은혜를 경험하게 합니다.

전쟁이 나면 제일 먼저 탐지하는 사람을 보내고, 두 번째는 제일 훈련을 많이 받은 해병대를 보냅니다. 제일 치열한 전쟁터에는 제일 강한 사람을 보냅니다. 하나님의 깊은 은혜의 바다에는 강한 사람을 집어넣습니다.

큰 고난이 하나님의 더 큰 은혜를 경험하게 한다는 것입니다.

성경에 등장하는 수많은 위대한 믿음의 사람들에게서 동일하게 발견되는 한 가지 공통점이, '고난' 입니다. 믿음의 조상 아브라함부터 모세와 여호수아, 야곱과 요셉, 다윗과 엘리야와 엘리사, 수많은 선지자들, 그리고 신약에 나오는 믿음의 선배들을 보십시오.

어느 누구도 편안하고 안일한 길을 가면서 위대한 믿음의 삶을 살지 않았습니다. 모두 다 고난의 길을 통과했습니다.

"우리를 끌어 그물에 들게 하시며 어려운 짐을 우리 허리에 두셨으며 사람들로 우리 머리 위로 타고 가게 하셨나이다 우리가 불과 물을 통행하였더니 주께서 우리를 끌어 내사 풍부한 곳에 들이셨나이다" (시 66:11-12).

허리와 머리에 무거운 짐이 짓누르는 것을 경험하고 불과 물을 통과해야 하지만, 후에는 더 넓고 풍성한 곳으로 인도하신다는 약속입니다. 이 약속을 붙잡으면 고난을 이기는 힘이 생깁니다.

다섯째, 고난을 통해 하나님께 영광을 돌릴 수 있습니다.

베다니 동네에 살던 나사로라는 청년은 갑작스럽게 병에 걸려 며칠 고생하다가 죽고 말았습니다. 그의 누이들은 당황하며 슬퍼하는데, 예수님은 전혀 다르게 말씀하셨습니다.

"이 병은 죽을 병이 아니라 하나님의 영광을 위함이요 하나님의 아들로 이를 인하여 영광을 얻게 하려 함이라" (요 11:4).

나사로는 앓다가 죽어서 무덤에 장사되었습니다. 이제는 모든 소망이 끊어진 것입니다. 그런데 장사를 지내고 며칠 후, 예수님이 오셨습니다. 너무 늦었다고 생각한 마르다는 섭섭한 마음으로 "예수님이 미리 오셨으면 우리 오빠가 살아났을 텐데, 이제는 너무 늦으셨습니다"라고 말했습니다.

그러나 예수님은 죽어서 이미 냄새가 나는 나사로를 무덤에서 살리심으로 하나님의 영광을 크게 드러내셨습니다. 만일 나사로가 조금 아플 때 주님이 오셔서 고치셨다면 그런 큰 감사의 마음을 갖지 못했을 것입니다. 죽어서 냄새가 날 정도로 절망적인 상태에서 다시 살아났기 때문에 그들의 기쁨이 더 컸던 것입니다.

나사로가 병들었다는 소식을 듣고도 예수님께서 지체하신 것은 실수나 무성의가 아니라, 그들에게 더 깊은 믿음을 갖게 하시려는 뜻이었습니다. 그리고 그 사건을 통해서 하나님의 영광이 더 크게 드러나게 되었습니다.

계곡이 깊을수록 산이 높듯이, 고난이 깊을수록 기쁨이 큰 것입니다.

고난의 기간이 쉽게 끝나지 않아도 견뎌내십시오. 고난을 잘 이기어 나가면 하나님의 영광이 드러납니다. 어려움이 다 없어져야 고난이 끝나는 것이 아니라, 고난을 더 큰 복을 받을 수 있는 기회로 받아들일 때 끝이 납니다. 무엇보다도 예수님의 십자가의 고난을 기억하고 믿음으로 고난을 이겨내기를 바랍니다.

의로운 집사 스데반의 순교는 유대교의 지도자인 사울이 바울로 바뀌는 데 영향을 끼쳤습니다. 그의 순교는 한 사람을 변화시킨 것이 아니라 변화 받은 사울을 통해서 이스라엘과 로마와 세상이 변하게 했습니다. 그의 죽음은 땅에 심겨진 한 알의 밀알이었습니다.

작가 밀턴은 시력을 잃은 후에 유명한 「실락원」, 「복락원」을 썼고, 헨델은 전신마비를 당한 후에 '메시아'를 작곡했습니다.

베토벤은 청력을 잃은 후에 더욱 위대한 작품을 남겼습니다. 화가 렘브란트도 아내를 잃은 후에 명작을 그렸습니다.

슬픔이 사람을 새롭게 만드는 것입니다.

삶의 어두운 면만 보지 말고, 밝은 면을 보는 것을 연습하십시오.

우선 언어의 표현부터 고치십시오. '안 된다, 못 한다, 집어치우자, 죽겠다'는 말은 더 이상 하지 마십시오. '해 보자, 할 수 있다, 길이 있을 것이다' 라는 말로 바꾸십시오.

우울하게 사는 사람은 짜증이 많고 실제로 삶이 어둡습니다. 찬송을 많이 듣고 많이 부르고, 유머를 배우십시오. 미소 짓는 것도 연습하면 습관이 됩니다.
고난이 없는 삶이 행복한 것이 아니라, 힘들지만 고난이라는 장애물을 기회로 삼아 더 높이 올라가고 삶의 깊은 교훈을 깨닫는 사람이 지혜로운 사람입니다.

10

어떻게 하나님의 인도를 받을까?

양들은 어디에 푸른 초장이 있고,
어디에 쉴 만한 물가가 있는지 모릅니다.
양들은 그저 목자만 바라보면 되는 것입니다.
목자가 앞으로 가면 따라 가고, 목자가 쉬면
양들도 그 곁에서 쉬기만 하면 됩니다.
중요한 것은 목자를 믿는 것입니다.

목자의 음성을 따라가려면
목자의 음성에 익숙해져야 합니다.
당신은 목자되신 예수님의 음성을 들을 수 있습니까?

| 믿음 · 성경 · 기도 · 예배 · 전도 · 헌금 · 봉사 · 유혹 · 고난 · **인도하심** |

시편 32편 8절
"내가 너의 갈 길을 가르쳐 보이고 너를 주목하여 훈계하리로다."

인생의 길은 아무 데나

마음대로 갈 수 없습니다. 길이 넓다고 해서 이리저리 다니다가는 결국 제자리만 맴돌게 될 것입니다. 쉬운 길이라고 해서 무조건 가서도 안 되고, 지름길이라도 무조건 가면 안 됩니다. 사람들은 누구나 가깝고 쉬운 지름길을 찾습니다. 그러나 인생 길에서는 그런 것이 반드시 좋은 것만도 아닙니다. 자신의 가야 할 목표를 알고 그 길을 하나님께서 이끌어 가신다면 그것보다 좋은 것이 어디 있을까요?

동네에 있는 여러 교회 중 한 곳을 정해야 한다거나, 직장과 결혼 문제를 놓고 나를 향하신 하나님의 뜻을 알게 된다면 안심하고 결정할 수 있을 것입니다.

저의 삶 속에서도 아주 중요한 몇 가지 선택을 해야 하는 경우가 있었습니다. 첫 번째는 정치외교학을 전공하고 대학 졸업 후 외교관이 되어야 할 것인지를 생각하면서 고시 준비를 할 때였습니다. 공부가 그렇게 어렵다고 생각되지 않았기 때문에 한 번 도전해보고 싶었습니다. 그리고 외교관이 되어서 세상을 다니며 복음을 전할 수 있겠다는 생각을 했습니다. 그런데 마음에 확신이 없었습니다. "과연 이 길이 내가 가야 할 길인가?" 의심을 가진 채 고시 준비를 시작했습니다. 며칠 씩 밤을 새며 열심히 책들을 독파했습니다.

그러나 하나님께서는 졸업을 앞두고 너무도 분명하게 제가 가고자 하는 길을 막으셨습니다. 갑자기 급성 편도선염에 걸린 것입니다. 그 정도가 아주 심각하여 목젖이 까맣게 탔기 때문에 당장 수술을 받아야만 했습니다. 당분간 책을 볼 수 없게 되었습니다. 고시 준비생이 책을 놓으면 그건 끝을 의미했습니다.

다음날, 수술을 하려고 보았더니 신기하게도 목이 완전히 나아 있었습니다. 어떻게 설명해야 할지 모르지만 완전히 정상이 되었습니다. 그때 강한 하나님의 손길을 느꼈습니다. 결국 외무고시를 포기했습니다. 지금도 친구들 중에 외국에 나간 외교관이 많지만 외무고시를 포기한 것을 후회한 적은 없습니다.

두 번째는 졸업 후 회사원으로 있다가, 전담 전도자로 직업을 바꿀 때 참 어려웠습니다. 목사가 되려고 꿈꾼 적이 없었습니다. 그런데 평신도 전도자로 사역할 것을 제안받았던 것입니다. 그것도 온 가족이 있는 서울이 아니라 친척도 전혀 없는 지방 도시로 내려가야 하는 것이었습니다. 기도도 많이 했지만 겁도 많이 났습니다. '이제부터 내 인생은 끝났구나. 고생문이 훤하다.' 이런 생각뿐이었습니다. 그러나 성경을 읽을 때마다 반복해서 마음에 들려오는 하나님의 음성을 피할 수 없었고, 순종하며 전도자가 되었습니다.

또 하나는 결혼할 때 배우자를 결정하는 일에 하나님의 인도가 너무도 중요했습니다. 여러 해를 기도했고 하나님의 확실한 인도를 받기 위해서 기다렸습니다. 대학 1학년 때 예수님을 믿었기 때문에 평생 여학생과 데이트를 해본 경험이 전혀 없던 저로서는, 이 문제가 수수께끼 같았습니다. 그래서 매일 성경을 읽고 기도하면서 하나님의 인도를 구했습니다. 결국 하나님은 은혜로운 방법으로 아내를 만나게 하셨습니다. 그뿐 아닙니다. 외국 유학을 결정하는 것이나, 교수로 있다가 전담 목회자가 되어 교회를 섬기는 것, 중년이 넘어서 교회를 개척하는 것 등, 중요한 일마다 하나님의 인도하심이 얼마나 간절했는지 모릅니다.

지금도 제가 결단한 것에 대하여 후회나 부끄러움이 전혀 없습니다. 감사할 수 있는 것이 저의 특권입니다.

우리의 삶을 위한 하나님의 뜻을 발견하는 것은 큰 은혜입니다. 중요한 일을 놓고 친구들에게 물어보고, 전문 서적을 보고, 신문을 보고, 여기저기 알아보기도 하고 결정을 합니다. 누군가 나를 인도해 주었으면 좋겠는데 확실한 인도자가 없을 때 우리는 어떻게 합니까?

하나님의 뜻이 무엇인가를 찾아내십시오.

"너희는 이 세대를 본받지 말고 오직 마음을 새롭게 함으로 변화를 받아 하나님의 선하시고 기뻐하시고 온전하신 뜻이 무엇인지 분별하도록 하라" (롬 12:2).

하나님은 자기 백성이 어디로 가며 어떻게 살아야 하는지 그 길을 지도해 주시겠다고 약속하셨습니다.

"내가 너의 갈 길을 가르쳐 보이고 너를 주목하여 훈계하리로다" (시 32:8).

이스라엘 백성이 광야를 지날 때에는 나침반이 없었습니다. 하늘의 별을 따라가는 수밖에 없었습니다. 그렇지만 밝은 낮에는 별을 볼 수 없지 않습니까? 하나님은 그들에게 낮에는 구름기둥으로 인도하시고, 밤에는 불기둥으로 인도하셨습니다. 불볕이 뜨거운 대낮에 구름은 그들에게 시원한 그늘을 주었습니다. 이스라엘 백성들은 구름이 움직이는 대로 따라 가기만 하면 되었습니다.

신약 시대에는 하나님의 백성이 무엇을 따라 살아야 하는지 성령께서 인도해 주시겠다고 약속하셨습니다.

"진리의 성령이 오시면 그가 너희를 모든 진리 가운데로 인도하시리니 장래 일을 너희에게 이르시리라" (요 16:13).

예수님을 바르게 믿고 진실하게 따라갈 때 하나님이 인도해주신다는 약속입니다.

"여호와는 나의 목자시니 내가 부족함이 없으리로다" (시 23:1).

여호와 하나님이 나의 목자가 되시니 양은 매일 무엇을 먹을까 걱정하지 않습니다. 양은 어디에 푸른 초장이 있고 어디에 쉴 만한 물가가 있는지 모릅니다. 양은 다만 목자만 바라보면 됩니다. 목자가 앞으로 가면 따라 가고, 목자가 쉬면 양들도 그 곁에서 쉬면 됩니다. 목자가 가다가 설 때 양들이 목자에게 "왜 쉬는 거죠?" 이렇게 따지지 않습니다. 그냥 따라 가기만 하면 됩니다. 가고 서는 것이 목자에게 달려 있습니다.

중요한 것은 목자를 믿어야 하는 것이고, 목자의 음성을 따라가야 하기 때문에 목자의 음성에 익숙해져야 한다는 것입니다. 양 된 우리도 우리의 목자 되신 예수님의 음성을 듣는 법을 배워야 합니다. 우리는 기도를 통해서 하나님께 우리의 마음을 표현합니다. 그리고 하나님은 성경을 통해서 우리에게 말씀하십니다.

하나님의 인도를 받으려면…

첫째, 기도하십시오.

예수 믿는 사람에게 기도는 기본이기 때문에 무슨 문제가 생기면 도움을 청하는 기도를 할 수 있습니다. 구약 성경에 한 좋은 사례가 나옵니다. 여호수아 군대가 여리고 성을 함락시킬 때에는 기도로써 단단히 준비를 했습니다. 그런데 아이 성을 공격할 때는 그곳이 작은 성이라고 가볍게 여겨, 하나님께 기도하고 지혜를 구하는 일을 하지 않았습니다. 자신들의 무기만 믿고 쳐들어 갔다가 큰 패배를 당하였습니다. 가나안에 들어가서는 어떻게 했습니까?

이스라엘 백성들과 가까운 곳에 거하는 기브온 사람들이 자기 종족의 몰살을 면하려고 곰팡이가 난 빵과 낡은 가죽 부대로 변장하고 여호수아에게 왔습니다. 기브온 족속은 먼 나라에서 온 것처럼 거짓말을 하여 화친 조약을 맺자고 했습니다. 이스라엘 백성은 그 말에 속아 그들과 화친 조약을 맺고 그들을 살려 주었습니다. 그런데 이것이 이스라엘 백성에게 큰 골칫거리가 되었습니다.

무엇이 문제였습니까?

"무리가 그들의 양식을 취하여 어떻게 할 것을 여호와께 묻지 아니하였더라" (수 9:14).

하나님께 기도하여 묻지 않고 자기들 생각대로 결정했기 때문입니다. 아주 시시하게 보이는 사소한 문제도 기도해야 합니다. 중요한 결정을 위해서 하나님의 인도를 받기 원하면 깊이 기도하십시오. 하나님께서 지혜를 주실 것입니다. 작고 큰 일에 상관없이 언제나 하나님께 구하십시오.

"너희 중에 누구든지 지혜가 부족하거든 모든 사람에게 후히 주시고 꾸짖지 아니하시는 하나님께 구하라 그리하면 주시리라"(약 1:5).

전도자 폴 리틀(Paul Little)은 "당신은 하나님의 뜻을 보여 달라고 매일 5분 이상 기도하고 있는가?"라고 질문합니다. 하나님의 인도를 받는 것이 그렇게 중요한 문제라면 매일 적어도 5분 이상은 기도해야 하지 않겠습니까? 기도하면 닫혔던 문이 열리고 막혔던 담이 사라집니다. 구하고 찾고 두드리는 자에게 문제의 해결이 주어집니다. 삶의 지혜가 부족하면 하나님께 구해야 합니다. 그러면 야단치지 않으시는 하나님께서 사랑으로 그 길을 인도하십니다.

그렇다고 무턱대고 계속해서 기도만 한다고 하나님의 올바른 인도를 받는 것은 아닙니다. 남보다 기도를 많이 하는 것으로 보이는 사람들 중에도 여전히 실수하고 후회하는 경우도 있습니다. 바른 기도를 해야 하며 또한 하나님의 뜻을 분별하는 데 있어서 기도와 함께 다른 몇 가지의 요소들도 중요하기 때문입니다.

둘째, 순종하겠다고 결단하십시오.

선배 목사님 한 분이 성경을 잘 아는 약사였습니다. 그분이 청년 시절, 자신의 장래를 놓고 기도했습니다. "하나님, 목사가 되고, 전도사가 되고, 선교사가 되는 것 모두 다 좋습니다." 이렇게 기도하고 난 후에 겁이 났습니다. 하나님께서 소록도 나환자촌에 보내시면 어떻게 하나 고민이 된 것입니다. 그래서 그분이 "어디든지 보내 주옵소서. 소록도만 빼고" 이렇게 기도했답니다. 이분이 소록도에 갔을까요, 안 갔을까요? 안 갔습니다. 실은 안 간 것이 아니라 하나님께서 그를 보내지 않으셨습니다.

그런 사람은 보내지 않으시는 것 같습니다. 후에 그분은 자신이 잘못 기도한 것을 깨달았습니다. 그래서 한 번은 그랬답니다. "하나님, 이제까지 기도 중에 소록도만 제외해 달라고 기도했지만 이제는 포함시키겠습니다." 그러자 마음속에 하나님께서, "너는 보내지 않을 것이다. 거기가 얼마나 좋은 줄 아느냐!" 그러시더랍니다. 그런 선교지에 아무나 보내겠습니까?

그 마음이 예수님 같은 사람이 아니면 힘듭니다.

"내가 하나님의 모든 자비하심으로 너희를 권하노니 너희 몸을 하나님이 기뻐하시는 거룩한 산 제사로 드리라 이는 너희의 드릴 영적 예배니라" (롬 12:1).

하나님이 나에게 보여 주시면 꼭 순종하겠다는, 내 마음에 들지 않아도 하겠다는 마음이 있어야 하나님께서 길을 보여 주십니다. 그것이 바로 자신의 몸을 산 제물로 드리는 자세입니다.

"사람이 하나님의 뜻을 행하려 하면 그 뜻을 알게 될 것이다" (요 7:17).

자기 생각에 하나님을 맞추려 하면, 모든 것을 놓치게 됩니다. 순종해야 주님의 뜻을 선명하게 알 수 있습니다.

우리는 종종, 하나님의 인도를 받으려고 기도하지만 자기 마음속에서 이미 스스로 결정한 것을 가지고 하나님께 허락을 받으려고 하지 않습니까? 우리가 하나님의 인도를 받는 것이 아니라 우리가 하나님을 인도하려고 합니다. 어떤 문제에 있어서 가장 중요한 부분은 자신이 다 결정해 놓고, 모든 계획을 세워 놓고, 하나님께는 서명만 부탁합니다. 하나님께 조릅니다. 떼를 쓰는 것입니다.

이것은 믿음의 바른 자세가 아닙니다. 하나님께서 허락하지 않으시면 팔을 비틀려고 합니다. 그렇게 표현은 안 하지만 우리는 종종 그렇게 행하고 있습니다.

"하나님께 헌금도 했는 데요. 하나님께 봉사도 했는 데요. 이것 하나 안 봐주세요?" 이건 하나님의 뜻을 구하는 것이 아니라, 자기 뜻만을 관철시키려는 것입니다.

셋째, 영적인 민감성을 지니십시오.

한국에서 월드컵 축구대회가 열렸을 때 어떤 교인이 열심히 기도한 후에, 한국이 독일에 2대 1 정도의 스코어로 반드시 이기는 것이 하나님의 뜻이라고 공개적으로 말했습니다. 그러나 실제로 한국은 1대 0으로 졌습니다. 하나님께 야속하다고 말했다는 그의 이야기가 보도된 적이 있습니다. 참으로 어리석습니다.

하나님의 바른 인도를 받으려면 자기 편견을 벗어버려야 합니다. 그리고 자신이 생각하는 대로 되는 것이 마치 하나님의 뜻인 것처럼 함부로 말하지 않아야 합니다.

축구 선수가 금식기도와 철야기도만을 한다면 어떻게 될까요? 시합에도 나가기 전에 쓰러져 죽습니다. 기도와 함께 그들은 더욱 많이 훈련하고 열심히 뛰고 최선을 다하면서, 결과는 하나님의 은혜의 손에 맡겨야 합니다.

한 노인이 월남에 간 외아들이 매월 보내는 편지를 통해 큰 위로를 삼으며 지내고 있었습니다. 그러나 생활비가 없어서 노인은 거의 매일 끼니를 굶을 정도였습니다. 그 사람이 굶는다는 말을 들은 이웃 사람이 노인을 방문해서 사연을 물었습니다.

"월남에 간 아들이 생활비를 보내지 않던가요?" 편지는 오는데 돈은 안 온다는 말을 하며 노인은 슬픈 기색으로 서랍 속에 가득한 아들의 편지들을 꺼내 보였습니다.

"이렇게 편지는 많이 왔는데 현금은 없어요." 그런데 자세히 보니 편지마다 전신환이 들어 있었습니다. 그걸 은행에 가져 가면 현금으로 바꿔 줄 텐데, 노인은 그것이 무엇인지 몰랐던 것입니다.

하나님께서 여러 방법으로 그의 뜻을 보이시고 인도하시고자 할 때 그것을 눈치채고 따라가는 영적인 분별력이 반드시 있어야 합니다. 설교 중에 말씀을 통해서 하나님의 뜻을 나타내시기도 하고, 성경을 읽다가 또는 기도하거나 다른 사람들과 신앙적인 교제를 하다가 하나님의 뜻이 드러나기도 합니다. 그때 영적인 눈치가 있어야 알아차릴 수 있습니다. 마음의 눈이 어두우면 하나님께서 길을 환하게 보여 주셔도 보지 못합니다.

하나님의 인도하심에 민감하도록 영성을 키우십시오.

하나님께서 사용하시는 인도 방법 :
1. 성령을 통해서 말씀하십니다.

구약 시대에는 모세와 사울, 사무엘에게 알아 들을 수 있는 목소리로 들려 주시기도 했지만 오늘날에는 그렇게 말씀하시지 않습니다. 성령님을 통해서 우리 속에 조용한 확신을 갖도록 영혼에 말씀하십니다. 하나님께서 우리에게 조금씩 빛을 비추어 주실 때 기도하고 믿음으로 순종해야 합니다. 예를 들어 남의 것을 훔칠 때 하나님은 우리 양심에 강력하게 말씀하십니다.

하나님의 소리가 남은 못 들어도 내 안에 천둥번개처럼 들려옵니다. 그리고 하나님의 뜻에 반대될 때 성령님은 우리 영혼을 불편하게 만드십니다.

"그리스도의 평강이 너희 마음을 주장하게 하라" (골 3:15).

이 말씀은 성도들 사이에 그리스도의 평강이 넘치도록 하라는 의미와 더불어, 개인적으로 어떤 일을 결정할 때 하나님의 뜻과 맞으면 놀라운 평강을 누릴 수 있다는 뜻입니다.

순교지에 가면서도 찬양 드리며 가는 이유, 공산권의 어려운 지역에 선교를 가면서도 환한 얼굴로 기뻐하며 가는 이유는 무엇일까요? 하나님께서 그곳에 계시기 때문입니다.

우리가 지금 하나님의 뜻에서 벗어나지 않았기 때문에 아무도 모르는 평강을 마음 안에서 누리는 것입니다.

그리스도인이 범죄하면서도 마음이 편안하다면 그 사람은 신앙에 문제가 있는 사람입니다. 하나님의 뜻에 어긋나면 그 마음이 불안하고 평안이 없고, 방황하기 쉽습니다. 성령의 음성은 분별하기가 쉽지 않으므로 정신을 바짝 차리십시오.

2. 성경을 통해서 말씀하십니다.

구약 시대에는 하나님께서 직접 말씀하신 경우가 대부분이었습니다. 아브라함을 불러내셨고, 모세를 불러 애굽으로 보내셨습니다. 사무엘을 불러 이스라엘 백성의 선지자가 되게 하시고, 사울을 불러 왕으로 세우셨습니다. 선지자들은 모두 하나님으로부터 직접 어떤 종류의 음성을 듣고 그 위대한 사명을 감당했습니다. 다른 사람들은 알아듣지 못하는 어떤 음성이었을 것입니다.

예수님이 이 땅에 계실 때에는 직접 제자들을 부르셨습니다. "너는 나를 따르라!"고 말씀하셨고, 그들은 그 말씀에 따라 제자의 길을 걷게 된 것입니다. 예수님이 직접 육성으로 부르신 것입니다. 바울의 경우는 다메섹으로 가는 도중 예수님의 분명한 음성을 듣고, 그때부터 변화된 사도의 길을 걸었습니다. 그는 예수님을 직접 만난 적이 없지만 그의 음성을 들은 것이 너무도 분명해서, 기회가 주어지는 대로 왕이나 유대 지도자들 앞에서 자신의 신앙을 고백하였습니다.

그러나 예수님이 부활하시고 승천하신 후에는 어떻게 말씀하십니까? 그가 직접 말씀하셨던 것과 제자들을 통해서 남기신 성경 말씀으로 우리에게 다가오십니다. 이미 기록이 완성된 성경을 믿음으로 읽고 묵상하는 자들에게, 하나님은 우리의 영혼을 통하여 스스로 깨닫고 결정할 수 있게 하시는 것입니다.

우리 발의 등이요, 우리가 가는 길에 빛이 되는 하나님의 말씀은 마치 어둔 밤에 비행기가 안전하게 착륙하도록 활주로를 환하게 밝히는 등불과도 같습니다. 이미 쓰여져 있는 말씀 중에 자신에게 특별히 와 닿는 구절이 있고, 어떤 문제를 마음에 두고 성경을 읽어가다가 개인에게 하시는 말씀으로 받아들이는 경우가 있습니다.

그러나 주의할 것은 그 말씀과 하나님의 다른 인도하심이 조화가 되어야 합니다. 이리저리 아무 곳이나 펴보다가 우연히 눈에 띄는 구절을 하나님의 계시라고 하는 것은 위험합니다.

매일매일 경건의 시간(Q.T)을 통해 발견할 수 있습니다.

3. 믿음의 교제 가운데 말씀하십니다.

그리스도인은 외로운 독도처럼 혼자 존재하지 않습니다. 믿음의 사람들과 대화하고 신앙의 교제를 나누면서 중요한 결정을 바르게 내릴 수 있는 지혜가 생깁니다. 경건한 성도들과의 교제를 통해서 정보를 얻거나 아이디어를 얻습니다. 그래서 교회에 출석해야 하는 것입니다. 두 세 사람이 예수님의 이름으로 모이는 곳에 함께 계시겠다고 하셨습니다. 혼자서는 발견하지 못하던 진리를 모임 가운데서 깨달을 때가 많습니다. 성령의 임재와 충만으로 가능한 것입니다. 그리고 성숙한 믿음의 사람이 조언을 할 때도 있습니다.

선배나 부모, 목회자의 조언에도 귀를 기울이는 것이 좋습니다.

우리는 인생의 모든 것을 다 경험하지는 못합니다. 먼저 그 길을 걸어 간 선배들의 과오를 되풀이하지 않기 위해서라도 지혜로운 조언과 신중한 판단이 필요합니다.

4. 환경을 통해서 보여 주십니다.

사도 바울이 소아시아 쪽으로 선교하기 위해 나가려 했을 때 "예수의 영이 허락지 않았다"(행 16:7)고 성경은 말합니다. 즉, 그리로

가고자 했지만 길이 막힌 것입니다. 그리고 로마에 가려고 여러 번 시도했지만 길이 막혔다고 말합니다. "형제들아 내가 여러 번 너희에게 가고자 한 것을 너희가 모르기를 원치 아니하노니 이는 너희 중에서도 다른 이방인 중에서와 같이 열매를 맺게 하려 함이로되 지금까지 길이 막혔도다"(롬 1:13). "그러므로 또한 내가 너희에게 가려 하던 것이 여러 번 막혔더니"(롬 15:22). 그때는 하나님께서 허락하신 때가 아니었기 때문에 기다려야 했습니다. 나중에 사도 바울이 로마로 갈 때는 죄수의 신분으로 갔지만, 결국 로마에 가서 복음을 전했습니다. 로마는 나중에 기독교 국가가 되었습니다.

하나님은 우리가 계획한 대로 갈 수 있도록 어떤 경우에는 길을 여시기도 하고, 또 막으시기도 합니다. 하나님은 길을 여시는 방법과 닫으시는 방법으로 그의 뜻을 나타내시기도 합니다. 무슨 일을 하려는데 자꾸 길이 막히면 너무 서둘지 말고 기다리는 것이 현명합니다. 반면에 길이 열렸다고 해서 모든 것이 잘 풀린다는 생각으로 덤비는 것도 주의하십시오.

5. 양심과 상식을 활용하십시오.
하나님은 우리에게 양심을 주셔서 악에 대하여 반응하게 하시고, 상식을 주셔서 깊은 고민에 빠지지 않고도 문제를 해결할 수 있게 하셨습니다. 마음이 병들거나 부패하지만 않았다면, 무엇이 선이고 악인지 양심의 소리를 통해서 분별할 수 있습니다.

예를 들어 출근 길에 어느 길로 가야 길이 덜 막힐지 아는 것은 도로 상황에 대한 상식과 센스에 속한 문제입니다. 학교나 직장에서 서류를 위조할 것인지 안 할 것인지는 이미 양심이 말하고 있기 때문에 그것을 놓고 고민할 필요가 없습니다. 가게에서 물건을 사고 집에 와 보니 거스름돈을 더 받았습니다. "어떻게 할까? 그 돈을 돌려줄까 말까?" 고민할 필요가 없습니다. 즉시 돌려 주면 됩니다. 바른 양심과 건전한 상식을 사용하여 결정하십시오.

6. 불완전하고 위험한 방법을 피하십시오.

이상한 꿈을 꾸었다고 하면서 그것이 무슨 뜻인지 알려 달라는 전화를 종종 받게 되는데, 무척 난감하다는 생각이 듭니다. 집에 불이 나는 꿈을 꾸었다거나 물에 빠지는 꿈을 꾸었다고 하면서 그것이 하나님의 뜻과 무슨 관련이 있는가 생각하는 사람들이 적지 않습니다.

꿈은 해석하는 이에 따라서 너무 많은 의미를 가질 수 있기 때문에, 꿈만 가지고 무슨 결정을 내리는 것을 절대 조심하십시오. 꿈은 좋든지 나쁘든지 실상이 아니며 허상입니다.

꿈을 의지해서 실제 삶을 사는 것은 불안할 수밖에 없습니다. 그리고 이 세대에는 주님이 꿈보다 하나님의 말씀을 통해서 자신을 계시하신다는 사실을 기억하십시오.

기도 중에 무슨 음성을 들었거나 환상을 보는 경우도 있습니다.

이런 것을 완전히 무시할 수는 없지만, 여기에 의존해서 일을 결정하는 것은 너무 위험합니다. 또 어떤 분은 너무 답답하니까, 예언을 잘하는 사람을 찾아가 점쟁이에게 운명을 묻는 것처럼 예언을 받아 오는 것도 보았습니다. 또한 자주 변하는 감정과 기분에 따라 무슨 일을 결정하지 않도록 하십시오. 흥분하거나 극도의 슬픔에 잠겨 있을 때 무슨 일을 결정하면 나중에 후회하게 됩니다.

전쟁에 나가라는 하나님의 말씀을 들은 기드온은 겁이 나서 여러 가지로 하나님께 물었습니다. 나중에는 양털 뭉치를 놓고 하나님의 뜻이라면 땅바닥은 마르고 양털에만 이슬이 내리게 해 달라고 하나님을 시험했습니다. 그런데 아침이 되자, 정말로 양털에만 이슬이 내렸습니다. 아직도 의심이 풀리지 않은 기드온은 이번에는 양털만 마르고 땅바닥에만 이슬이 내리면 하나님의 뜻인 줄 알겠다고 했습니다. 하나님은 또 그렇게 하셨습니다. 인자하시고 오래 참으시는 하나님께서 기드온의 요청에 조용히 응해 주셨습니다. 그를 통해서 자기 백성을 구원하시고자 결단하셨기 때문에 책망하지 않으신 것입니다.

이런 방법은 하나님을 시험하는 것이어서 이 시대에는 극히 조심해야 할 방법입니다. 잘못하면 하나님을 자기 생각에 맞추려는 것이기 때문입니다. 예를 들어 "이것이 하나님의 뜻이면 오늘 밤에 비가 오게 해 주십시오" 한다거나, "이 일이 주님의 뜻이면 내일까지 북쪽에서 손님이 오게 해 주십시오" 하는 식은 자칫 미신이 될 수가 있습니다. 점쟁이에게 묻는 듯한 신앙 생활은 버리십시오. 주의 뜻을 정말 알 수 없으면 지금 있는 곳에서 더 나아가지 마십시오. 기다려야 합니다.

어떤 일을 놓고 너무 쉽게 "이것은 하나님의 뜻이다"라고 말하고, 얼마 후에 "그것이 아니라 이것이 하나님의 뜻"이라고 말하는 것을 보게 됩니다. 그리고 나서 다시, "지난 번의 것이 하나님의 뜻인 것같다"는 식으로 자꾸 번복하는 것도 주의해야 합니다.

급하게 결단하여 잘못 되는 것보다, 시간이 더 걸리더라도 바른 선택을 하십시오. 어떤 느낌에 따라 하나님의 뜻을 분별하려고 하다 보면 이런 실수를 저지르기 쉽습니다.

다급할 때 인도하심을 구하려면…
1. 간절히 기도하십시오.

상식적으로 결정하기가 어려운 중요한 문제 앞에서 시간이 급할 때가 있습니다. 그럴 때는 믿음으로 주님의 도우심을 구하십시오. 이 때는 말씀을 보면서 금식하는 것입니다. 찾는 자에게 찾게 하시고, 문을 두드리는 자에게 열어 주시는 하나님을 믿고, 마음을 다해서 집중적으로 간구하십시오. 뜻밖에 하나님의 도움의 손길을 경험할 수 있습니다.

"내가 산을 향하여 눈을 들리라 나의 도움이 어디서 올꼬 나의 도움이 천지를 지으신 여호와에게서로다" (시 121편).

2. 신중하게 생각하고 지혜로운 조언을 들어야 합니다.

그리스도인은 바보가 되면 안 됩니다. 막무가내이거나 몰상식한 사람이어서도 안 됩니다. 하나님이 주신 지혜로 깊이 생각하고 현명한 판단을 내려야 합니다. 그리스도인은 주님이 주신 지각(知覺)을 사용하고 상식을 무시하지 않아야 합니다. 영적인 진리는 우리의 지식과 상식을 초월하지만 그렇다고 해서 무지하고 몽매한 것이 아닙니다. 기도하면 하나님이 생각을 주시고 때로는 피할 길을 생각나게 하십니다.

경험이 많은 연장자나 신앙이 성숙한 사람의 충고를 듣는 것도 유익합니다. 그들은 나와 비슷한 문제나 상황에서 어떻게 결정하고 행동했는지 들어 보는 것이 좋습니다. 가장 가까운 이들이 부모입니다. 믿음의 선배도 좋은 조언을 줄 수 있습니다.

예를 들어 유학 문제라면 유학을 다녀 온 교수와 상담하는 것이 좋고, 직장을 선택하는 것이라면 사회 경험이 풍부한 믿음의 사람에게 물어 보는 것이 도움이 됩니다.

결혼 문제라면 부모와 함께 먼저 결혼한 신앙 선배의 도움을 받으십시오. 또는 전문가의 협조를 받는 것도 필요할 때가 있습니다.

자신만의 지식과 정보와 경험은 극히 제한적입니다. 디모데는 바울의 권고를 듣고 바른 신앙인이며 사역자로 성장했습니다. 엘리야는 엘리사를 도와서 선지자의 삶을 살게 했습니다. 여호수아는 모세를 통해서 삶과 사역의 길을 배웠습니다. 그래서 요즘에는 멘토(Mentor)의 역할을 요구하는 경우가 많습니다.

　시행착오를 줄이려면 먼저 경험한 사람의 말에 귀를 기울이는 것도 필요합니다.

　3. 환경을 검토하여 현실에서 주어진 책임을 다하십시오.
　바울이 복음을 들고 소아시아 쪽으로 가려고 할 때 성령께서 막으셨습니다. 그리고 로마로 가려고 여러 번 시도했지만 길이 열리지 않았습니다. 그러면 일단 기다리는 것입니다. 그런데 그것이 정말 하나님의 뜻이라면 어떤 방법으로든지 그 길이 열릴 것입니다. 하나님께서 길을 막으시면 뚫고 지나가려고 하지 마십시오. 길이 열려 있으면 일단 그 길로 가 보십시오. 그리고 말씀을 통해 자기 마음의 평안을 확인해보십시오. 그러면서 주님이 어떻게 인도하시는지 자세히 보십시오.

　마음으로는 그쪽으로 가야 한다는 생각이 분명한데, 문이 닫혀 있으면 기도로 두드리십시오. 아무리 기도하고 찾아도 아무런 응답의 햇살도 보이지 않을 때에는 서둘지 말고 지금 맡겨진 일에 충성하십시오.

　어떤 분이 선교 지역을 놓고 기도를 했습니다. 그런데 어느 지역으로 가야 할지, 아프리카인지, 동남아시아인지 알지 못했습니다.

그때는 날마다 산에 가서 기도만 하는 것이 아니라, 선교하는데 필요한 성경을 읽거나 지금 맡겨진 일이 교사든지 전도의 일이든지 봉사의 일이든지 그 일에 성실하게 헌신하면서 주님의 새로운 인도를 받아야 합니다. 이렇게 잘 훈련받으면 나중에 어느 곳에 가서도 선교를 잘 할 수 있습니다. 만약에 선교지에 나가는 것이 주님의 뜻이 아니었다고 해도 손해볼 것이 없습니다.

그만큼 여러 면에서 훈련되고 성숙해진 것입니다.

다윗이 왕으로 부르심을 받을 때 그는 부지런한 목동이었습니다. 놀거나 잠자고 있지 않았습니다. 예수님은 제자를 부르실 때 놀거나 잠자고 있는 사람을 부르지 않으셨습니다. 주님의 부르심과 인도하심을 받을 때 그들은 자신의 일상 속에서 모두 충성스럽고 부지런하게 일하던 중이었습니다. 한 사람도 한가롭게 놀고 있지 않았습니다. 구약에서는 하나님께서 선지자들을 부르실 때에도 성실한 자들을 쓰셨습니다. 주님은 게으르며 놀고 있는 사람을 부르지 않으셨습니다.

사단도 게으른 자는 자기 부하로 삼지 않습니다. 사단은 쉬지도 않고 방심하지도 않습니다. 호시탐탐 성도들을 넘어뜨리려고 노리고 있습니다. 게으름 때문에 사단에게 넘어가지 마십시오.

4. 신뢰하고 결정하십시오.

중요한 일이 있을 때 여러 가지로 검토하고 확인한 후에는 주님을 의지하고 스스로 결정을 내리십시오. 그리고 스스로 책임을 감당할 마음의 준비를 하십시오. 결과에 대해서 주님이나 남의 탓으로 돌리려고 하지 마십시오. 자신의 선택 때문에 고통이 오면 믿음으로 잘 참고 견디면서 주님의 도우심을 구하십시오.

부부가 늘 사랑하며 여러 해를 같이 살다 보면, 서로 말하지 않아도 눈빛으로 상대방의 마음을 헤아릴 수가 있습니다.

예전에 어느 날 아버지께서 퇴근 후 귀가하시는데, 어머니가 "오늘은 조용히 공부들 해라" 하셨습니다. 어머니는 벌써, 아버지가 회사에서 무슨 문제가 있었던 것을 아셨던 것입니다.

예수님과 더불어 계속 말씀을 사랑하고, 기도하고, 교제하고, 예배하면서 몇 년 지내다 보면, 하나님의 마음을 헤아릴 수 있게 됩니다. 주님과 늘 동행하는 사람은 자연스럽게 하나님의 뜻을 분별하며 삽니다. 예수님은 그를 따르는 성도들이 어둠에서 방황하지 않을 것을 약속하셨습니다.

"나는 세상의 빛이니 나를 따르는 자는 어두움에 다니지 아니하고 생명의 빛을 얻으리라" (요 8:12).

세상 사람들이 보기에는 때때로 어리석어 보일 때도 있지만 하나님의 뜻에 순종하면 그 마음에 빛이 있습니다. 세상 기준과 다른 결정을 내리기 때문에 우리를 이해하지 못할 것입니다.

아프리카의 선교사 리빙스턴은 이렇게 말했습니다. "내가 하나님의 뜻을 벗어나 영국에서 편안하게 살기보다, 하나님의 뜻 안에서 아프리카의 심장부에 가기를 원한다." 그가 선교사로 가겠다고 나서자 주변의 적지 않은 사람들이 반대했습니다. 그러나 그는 하나님의 뜻을 분별하고 순종했으며 위대한 삶을 살았습니다.

윌리암 케리가 인도를 향해 선교사로 나갈 때에도 주변의 교회 지도자들이 그를 말렸습니다. 그러나 그는, "주님께로부터 위대한 것을 기대한다면, 주님을 위해서 위대한 일을 시도하라"는 멋진 말을 남기고 인도로 떠났습니다.

어느 공학박사는 기도 중에 하나님께 헌신하여, 중국 연변대학에서 조선족 청년들을 가르치는 감동적인 삶과 사역을 감당하고 있습니다. 이미 그 곳에 간 지 10여 년이 되었는데, 그를 만날 때마다 변함없는 헌신과 주님과 사람을 사랑하는 마음을 읽을 수 있습니다. 어떤 성악가는 주의 뜻에 순종하여 음악으로 전도하면서 지금도 여러 나라에 다니면서 방학 때만 되면 청년들에게 헌신적으로 도전하여 열매를 맺는 사역을 하고 있습니다. 어떤 연세가 지긋한 체육 교사 부부는 기도 중에 아프리카로 내려갔고, 한 태권도 사범 집사는 복음을 전하기 어려운 아프리카에서, 대통령의 보디가드로 성공적인 사역을 하고 있습니다. 목사가 백 번을 해도 못하는 일을 그들이 하고 있는 것입니다.

대학을 같이 졸업한 두 친구 중에 한 사람은 목사가 되어 직장 선교에 활발히 임하고, 다른 한 친구는 정직하게 부지런히 사업하여, 국내·외에 있는 많은 교회를 지원하고 모범적인 성도의 삶을 살고 있습니다. 그들은 하나님의 뜻을 잘 분별하여 후회없이 주의 일을 하는 것입니다.

일단 시작하되 효과와 결과를 놓고 평가하십시오. 잘못되었으면 처음부터 다시 시작하십시오. 그것이 옳으면 계속해서 추진하십시오. 그리고 종종 주님의 뜻을 재확인하는 것도 중요합니다.
우리 각 사람을 향하신 하나님의 뜻을 발견하여 그 뜻에 순종하는 사람이 되십시오. 교회를 향하신 하나님의 뜻을 따라 섬기고, 이 시대에 우리에게 요구하시는 주의 뜻을 따라 살아가십시오. 그것이 진정 행복한 삶입니다.

※ 하나님의 뜻을 분별하기 위한 단계

1. 헌신 – 결과가 어떤 것이든지 순종하겠다고 결심해야 합니다.
2. 기도 – 성경을 읽고 현명한 조언을 들으며 개인의 지각(知覺)도 사용하십시오.
3. 평안 – 마음에 평안이 있는가 확인하십시오. 거리낌이 없어야 합니다.
4. 환경 – 주변 상황에 민감하게 깨어 있어야 합니다. 주님께서 길을 여시면 나아가십시오.

〈 프리셉트 어린이 신앙전기 도서 〉

프리셉트 어린이 신앙전기 ❶
파란 눈의 중국인 선교사 **허드슨 테일러**

중국인들의 친구가 된 허드슨 선교사의 이야기. 그는 어려움에 닥칠 때마다 하나님을 의지하며 기도의 힘으로 이겨 냈다. 값 8,000원

프리셉트 어린이 신앙전기 ❷
고아들의 영웅 **조지 뮬러**

고아들을 돌보며 영혼을 구원하는 일에 전념했던 조지 목사. 그가 행한 섬김의 삶이 얼마나 복된 것인지 볼 수 있다. 값 8,000원

프리셉트 어린이 신앙전기 ❸
고통 속에서 희망을 노래하는 **코리 텐 붐**

나치가 지배하던 세상은 증오심으로 미쳐가고 있었다. 그 속에서 코리는 말씀을 통해 희망을 노래할 수 있었다. 값 7,500원

프리셉트 어린이 신앙전기 ❹
달리기 챔피언 선교사 **에릭 리들**

에릭은 주일에 달릴 수 없다는 이유로 경기를 포기했다. 대신 그는 하나님의 인도하심으로 크나큰 영광을 받게 된다. 값 8,000원

프리셉트 어린이 신앙전기 ❺
꿈과 열정의 전도자 **빌 브라이트**

평생 뜨거운 전도의 열정을 품고 세계를 누빈 빌 브라이트. 그의 삶은 실천하는 참된 신앙인이란 무엇인지 보여 준다. 값 10,000원

프리셉트 어린이 신앙전기 ❻
살아 있는 순교자 **리처드 범브란트**

리처드는 핍박을 당하는 상황에서도 모든 사람을 하나님의 사랑으로 용서했다. 또한 믿음을 지키며 그들을 위해 기도했다. 값 8,000원

프리셉트 어린이 신앙전기 ❼
종교 개혁의 횃불을 든 **마틴 루터**

루터의 용기 있는 신앙이 타락한 교회를 주님만을 바라보는 교회로 변화시켰고, 성경이 말하는 진리를 깨닫게 했다. 값 8,000원

프리셉트 T. 02-588-2218 | www.precept.or.kr

〈 프리셉트 어린이 신앙전기 도서 〉

프리셉트 어린이 신앙전기 ❽
열정의 복음 전도자 **디엘 무디**

하나님은 열정으로 가득한 무디를 통해 사람들에게 말씀을 전하셨으며, 오랫동안 방황하던 영혼들을 새롭게 변화시키셨다. 값 10,000원

프리셉트 어린이 신앙전기 ❾
버마를 구한 하나님의 사람 **아도니람 저드슨**

최초의 미국인 선교사 아도니람 저드슨. 하나님은 그의 재능을 사용하셔서 많은 버마인을 주님의 품으로 인도하셨다. 값 8,000원

프리셉트 어린이 신앙전기 ❿
어둠을 밝힌 위대한 종교 개혁가 **존 칼빈**

종교 개혁의 기틀을 마련한 신학자 존 칼빈. 그는 세상을 향해 빛을 비추는 진정한 믿음의 삶이란 무엇인지 알게 해준다. 값 10,000원

프리셉트 어린이 신앙전기 ⓫
천로역정을 저술한 믿음의 순례자 **존 번연**

회심 후 강한 믿음을 가진 존 번연은 평생 설교에 매진했으며, 그가 집필한 『천로역정』은 지금까지 사랑을 받고 있다. 값 9,800원

프리셉트 어린이 신앙전기 ⓬
나치에 저항한 행동하는 양심 **디트리히 본회퍼**

주님은 본회퍼에게 믿음을 위해 저항할 용기를 주셨다. 그는 하나님께서 주시는 힘으로 나치 정권에 끝까지 맞섰다. 값 9,000원

프리셉트 어린이 신앙전기 ⓭
부흥의 불꽃을 일으킨 천재 신학자 **조나단 에드워즈**

조나단은 모든 순간 하나님의 영광을 선포하고자 했다. 그는 결국 주님의 도우심으로 실천하는 신앙인이 될 수 있었다. 값 9,800원

프리셉트 어린이 신앙전기 ⓮
위대한 복음의 밀수꾼 **브라더 앤드류**

철의 장막을 뚫고 성경책을 몰래 배달한다는 사역은 쉽지 않았다. 그러나 복음을 전하기 위해서는 포기할 수 없는 일이었다. 값 9,800원

프리셉트 T.02-588-2218 www.precept.or.kr

신앙생활 ABC
신앙의 승리를 위한 10가지 비밀

지은이 　|　박광철 목사

초판 1쇄　　|　2006년 4월 14일
개정 1판 1쇄　|　2024년 8월 16일

발행인　　|　김경섭
국제총무　|　최복순
총무이사　|　김현욱
협동총무　|　김상현
편집부　　|　고유영(편집실장), 김성경, 박은실
인쇄　　　|　영진문원

발행처　　|　프리셉트선교회
등록번호　|　108-82-61175
일부총판　|　생명의말씀사 Tel. (02) 3159-7979 Fax. 080-022-8585

주소　　　|　서울특별시 서초구 청룡마을길 8-1(신원동) (우) 06802
전화　　　|　(02) 588-2218　　팩스　|　(02) 588-2268
홈페이지　|　www.precept.or.kr
국민은행 431401-04-058116(프리셉트선교회)
2006, 2024 ⓒ 묵상하는사람들

값 15,000원
ISBN 978-89-8475-840-7 03230

독자 여러분의 의견을 기다립니다.
(02) 588-2218 / pmbook77@naver.com